开一家赚钱的小店 系列丛书

U0885946

开一家赚钱的网店

艾雅雅◎编著

中国财富出版社

图书在版编目（CIP）数据

开一家赚钱的网店 / 艾雅雅编著．—北京：中国财富出版社，2015.2（2016.12 重印）

（开一家赚钱的小店系列丛书）

ISBN 978-7-5047-5509-4

Ⅰ.①开… Ⅱ.①艾… Ⅲ.①电子商务—商业经营 Ⅳ.①F713.36

中国版本图书馆 CIP 数据核字（2014）第 293231 号

策划编辑 姜莉君　　**责任印制** 方朋远

责任编辑 苏佳斌　姜莉君　　**责任校对** 梁　凡

出版发行 中国财富出版社

社　　址 北京市丰台区南四环西路 188 号 5 区 20 楼　　**邮政编码** 100070

电　　话 010-52227568（发行部）　010-52227588 转 307（总编室）

010-68589540（读者服务部）　010-52227588 转 305（质检部）

网　　址 http://www.cfpress.com.cn

经　　销 新华书店

印　　刷 北京京都六环印刷厂

书　　号 ISBN 978-7-5047-5509-4/F·2290

开　　本 710mm×1000mm　1/16　　**版　　次** 2015 年 2 月第 1 版

印　　张 15　　**印　　次** 2016 年 12 月第 3 次印刷

字　　数 215 千字　　**定　　价** 29.80 元

前　　言

2014年1月16日，中国互联网络信息中心（CNNIC）在京发布第33次《中国互联网络发展状况统计报告》（以下简称《报告》）。《报告》显示，截至2013年12月，中国网民规模达6.18亿，全年新增网民5358万人。互联网普及率为45.8%，较2012年年底提升3.7个百分点。其中，手机网民规模达5亿，继续保持稳定增长。手机网民规模的持续增长促进了手机端各类应用的发展，成为2013年中国互联网发展的一大亮点。

综合近年来网民规模数据及其他相关统计，中国互联网普及率逐渐饱和，互联网发展主题从“数量”向“质量”转换，具备互联网在经济社会中地位提升、与传统经济结合紧密、各类互联网应用对网民生活形态影响力度加深等特点。

《报告》还显示，2013年以网络购物、团购为主的商务类应用保持较高的发展速度。2013年，中国网络购物用户规模达3.02亿，使用率达到48.9%，相比2012年增长6.0个百分点。在商务类应用中，团购市场的增长最为迅猛：2013年团购用户规模达1.41亿，团购的使用率为22.8%，相比2012年增长了8.0个百分点，使用率年增速达54.3%，成为商务类应用的最大亮点。

看到以上这些数字，的确很令人激动，特别是对想在网上创业的年轻人来说，更是一剂强心剂。网络创造财富已经不是什么秘密，网络里不断出现的大佬也是确确实实的。因此，创业者如同浪潮一般，纷纷在网上开店，有的懂网络技巧赚了个盆满钵满，有的根本一点也不懂，结果经营的网店无人问津……

网上开店的确门槛很低，投资也很小，风险也小，几乎是全民都可以参与的一种创业方式。但是，看似容易得到的东西，往往不是那么好经营的。很多人满怀热情地开网店，结果发现真的经营起来要困难很多，没有订单，赚不到钱，最后网店没有继续开下去的动力，不了了之。

很多人纷纷问专业人士：开网店做什么好，卖什么比较赚钱？现在开网店，你做什么都是赚钱的，做什么也都是赚不了钱的。很多人开了网店，但是更多人选择退出了开网店，因为竞争太激烈。上淘宝网随便搜一个东西，出现的宝贝都是上百页的，有成千上万的店铺在卖。所以，不管做哪一行，赚钱都不是那么容易的。不管做哪一行，都是需要方法和技巧的，绝不会是你坐在那儿，别人就主动上来找你的。怎样才能开一家赚钱的网店呢？需要先解决哪些问题呢？

你懂什么是网店吗？如果你连什么是网店，网店和实体店有什么区别都不清楚的话，最好先做网民一年再说。

你到底想卖什么宝贝？经营一个网店，如果是自己的兴趣所在或者自己所擅长的领域，往往比较容易坚持。在互联网上可以卖的东西很多，衣服、饰品、食品、五金、电器等都可以，看看自己身边有些什么好资源，再与自己的兴趣和擅长的领域相整合，最后确定卖什么样的产品。

你知道你的网店需要什么特色吗？有特色的店是有自己的目标市场的，并且针对目标市场进行专业的策划营销。例如，可以利用地域优势专门经营家乡的土特产，可以利用货源优势专营某种风格的服装，也可以经营一种概念，比如创意家居、创意生日礼物等。把店面做得越有特色，就越能吸引特定的客户群。

你会提升网店的信誉度吗？开网店必须注重信誉度，没有信誉度就没有客户回头率，因此初期信誉度的提升很重要。网店刚起步时，无人问津是正常的现象，这时可以发动自己的亲友购买指定品种的产品，将网店的某种或者某两种你觉得最讨喜的产品的信誉度刷上去。这个时候可能会耗费你或者亲友的一些资金，应该不会太多，但要相信这是值得的。

你懂得推广宣传自己的网店吗？宣传网店可以去与产品相关的一些论坛及大论坛的子门类发帖，也可以通过一些社区交友网站进行宣传。宣传产品不宜太过直白，因为一般论坛都会对广告帖进行删除。你可以注册账号，丰富自己的个人信息，将自己的论坛签名档挂上自己的淘宝店链接，多发一些与自己产品相关的专业帖子，建立自己在这方面的权威，多与论坛的网友发帖互动，发掘潜在客户。

你会装修自己的网店吗？网店的装修风格必须清新且一目了然。货品种类不需要过分繁多，应该考虑目标客户群精挑细选最有特色的十几种或者几十种，且做到不断更新新货，下架旧货。

你知道网店的促销手段吗？拥有一定信誉度后可以采取合理促销手段。在网店经营已经初步成型时，可以采用价格促销和赠送小礼物等方式巩固回头客。

你懂得如何通过服务赢得客户吗？对于来店询问的顾客应该礼貌对待，及时为拍下产品的顾客发货，如果因为特殊原因不能及时发货，应该尽早同顾客沟通，请求其谅解，避免顾客评价打分不高。货品打包时，可以夹带一张本店的优惠券，如果顾客为本次购物打全5分，即可在下次购物时使用优惠券。

以上只是开网店时碰到的最基本的几个问题，要想一一解惑，就得认真学习本书中的技巧。希望本书能给大家带来财富，让你成功开一家赚钱的网店！

在此，对参与本书编写的张志军、吴强、杜延起、王振伟、张萍、刘芳、张志勇、任翠云、闫博、吴九、宁敏、赵静、李绍玲等人表示感谢！

作 者

2014年7月8日于北京

目 录

第一章

开家网店，轻轻松松把钱赚

随着互联网越来越普及，网上购物也逐渐成为流行行为之一。网络最大的优点就是互动性强，在购物的同时，也可以上网开店出售物品。开网店拥有众多优势：启动资金低，投入少，交易快捷方便。网上开店与经营实体店铺相比可大大节省开店成本，而且网店也可以根据顾客的订单进货，不会因为积货占用大量资金。此外，网店经营主要是通过网络进行，可以省下房租、雇工费、水电气等各类杂费，这样初期投资成本自然就非常低。网上开店的天然优势迅速吸引了创业者的眼光，越来越多的人开始上网开店出售物品，加入到“网上创业者”这一群体中。

第一节　你了解网店吗

如今，网络时代早已到来，电子商务日渐成熟，阿里巴巴的创始人马云曾这样指出："21 世纪是电子商务时代，要么电子商务，要么无商可务……中国互联网将从'网民时代''网友时代'提升到'网商时代'！五年后人们都将上网做生意。"在这种趋势下，作为电子商务商业模式之一的个人网上开店也得到了飞速发展，网上开店在变得越来越成熟的同时，也被越来越多的人所接受。

一、何谓网店

网店，顾名思义就是网上开店，是一种在互联网时代的背景下诞生的新销售方式，区别于网下的传统销售模式，与大规模的网上商城及零星的个人物品网上拍卖相比，网上开店投入不大、经营方式灵活，可以为经营者提供不错的利润空间，成为许多人的创业途径。

说起网上开店，不得不提电子商务。电子商务是通过电子手段来完成商业活动的一种交易方式。通常来说，电子商务的运作模式有三种：B2B（Business to Business），是指企业与企业之间的商业交易活动；B2C（Business to Customer），即指企业与个人之间的商业交易活动；C2C（Customer to Customer），也就是个人与个人之间的商业交易活动。

在电子商务发展的早期阶段，扮演主要角色的是 B2B 模式（代表网站有阿里巴巴、慧聪商务网等）与 B2C 模式（如天猫商城、当当网、红孩子等）。但是，随着电子商务网站的不断完善、物流体系的飞速发展、个人网上交易诚信体系的构建以及网民的日渐成熟，那些一度限制着 C2C 商业模式发展的因素都被逐一消除掉，C2C 模式进而也得到了井喷式的发展，比如淘宝网现在的业务跨越了 B2C 和 C2C 两大部分。有了淘宝网这一平台，个人网上开店随之也成了一种新时尚，各种各样的个人网店如雨后春笋般涌现了出来。网上开店可以说是在互联网及电子商务时代背景下诞生的一种全新的销售方式，具体来说就是卖家在相应网络平台上注册一个虚拟网上商店并借以出售商品的行为。卖家将待售商品的信息以图片和文字的形式发布到自己的网上商店，对商品感兴趣的浏览者在订货后，通过网上或网下的支付方式向卖家付款，卖家通过邮寄、快递等方式将商品实物发送给购买者。相对于传统的实体商店，网上开店投资不大，经营方式灵活，如果经营得当，同样能够带来可观的利润。正是网上开店所具备的诸多优势与便利条件，使得越来越多的人开始选择这种全新的经营方式。

二、我国网上购物的现状

2014 年 1 月 16 日，中国互联网络信息中心（CNNIC）在京发布第 33 次《中国互联网络发展状况统计报告》（以下简称《报告》）。《报告》显示，截至 2013 年 12 月，中国网民规模达 6.18 亿，全年新增网民 5358 万人。互联网普及率为 45.8%，较 2012 年年底提升 3.7 个百分点。其中，手机网民规模达 5 亿，年增长率为 19.1%，继续保持上网第一大终端的地位。网民中使用手机上网的人群比例由 2012 年年底的 74.5% 提升至 81.0%，远高于其他设备上网的网民比例，手机依然是中国网民增长的主要驱动力。手机网民规模的持续增长促进了手机端各类应用的发展，成为 2013 年中国互联网发展的一大亮点。

综合近年来网民规模数据及其他相关统计，中国互联网普及率逐渐饱和，互联网发展主题从“数量”向“质量”转换，具备互联网在经济社会中地位提升、与传统经济结合紧密、各类互联网应用对网民生活形态影响力度加深等特点。

在 3G 网络进一步普及、智能手机和无线网络持续发展的背景下，视频、音乐等高流量手机应用拥有越来越多的用户。截至 2013 年 12 月，我国手机端在线收看或下载视频的用户数为 2.47 亿，与 2012 年年底相比增长了 1.12 亿，增长率高达 83.8%，在手机类应用用户规模增长幅度统计中排名第一。用户上网设备向手机端转移、使用基础环境的改善和上网成本的下降是手机端高流量应用使用率激增的主要原因。

《报告》显示，2013 年微博、社交网站、论坛等互联网应用的使用率较 2012 年有所下降。类似即时通信等以社交元素为基础的平台应用则发展稳定：在 2013 年，整体即时通信用户规模在移动端的推动下提升至 5.32 亿，较 2012 年年底增长 6440 万，使用率达 86.2%。与传统及时通信工具、社交网站相比，以社交为基础的综合平台不仅拥有更强的通信功能，还增加了信息分享等社交类应用，并为用户提供了诸如支付、金融等内容的综合服务，最大限度地增加了用户黏度，保证了用户规模的持续增长。

与之相比，2013 年中国网络游戏用户增长速度明显放缓。《报告》显示，网络游戏使用率从 2012 年的 59.5% 降至 54.7%。网络游戏用户规模为 3.38 亿，增长数量仅为 234 万。与网络游戏市场整体增长乏力现状形成鲜明对比的是，手机网络游戏用户的增长十分迅速：截至 2013 年 12 月，我国手机网络游戏用户数为 2.15 亿，较 2012 年年底增长了 7594 万，年增长率达到 54.5%。传统的 PC 端网络游戏增长乏力，面临手机网络游戏高速增长的挑战。

《报告》表明，2013 年以网络购物、团购为主的商务类应用保持较高的发展速度。2013 年，中国网络购物用户规模达 3.02 亿，使用率达到 48.9%，相比 2012 年增长 6.0 个百分点。在商务类应用中，团购市场的增长最为迅猛：2013 年团购用户规模达 1.41 亿，团购的使用率为 22.8%，相比 2012 年增长了 8.0 个百分点，使用率年增速达 54.3%，成为商务类应用的最大亮点。

对比高速增长的网络购物和团购类商务应用，企业电子商务应用仍然存在提升空间。2013 年，中国企业在线采购和在线销售的比例分别为 23.5% 和 26.8%，利用互联网开展营销推广活动的企业比例为 20.9%。不同行业的电子商务应用普及率差距较大，其中制造业、批发零售业电子商务应用化较为普遍。在企业电子商务应用的规模方面，与大中型企业相比，微型企业对电子商务的应用普及还需要进一步加强。

三、网上购物的发展趋势

1. “淘宝”成了网上购物代名词

近年来，淘宝网对中国网上购物的发展起到了强劲的推动作用。在 2007 年的网购新用户中，其中有 64.5% 的用户首次购物都选择淘宝，其中淘宝在北京、上海、广州、深圳四地吸引的网购新用户比例为 63.1%，而在武汉、成都吸引的网购新用户比例更高，达 67.0%。

在淘宝的网购用户虽然其中仅有 3.4% 和 3.8% 在 2007 年度也分别在拍拍和易趣上购物，但他们却各占了拍拍和易趣 2007 年度网购用户数的 30.7% 和 22.2%。此外，淘宝也为 B2C 购物网站输送了占其总用户人数 17.8% 的网购用户，因此，可以毫不夸张地说，淘宝网对中国 B2C 网购的发展起着重要的启蒙、教育和推动作用。

而且，除了吸引新增网上购物用户以外，“淘宝”也逐渐有了成为网上购物代名词的趋势。在 2010 年的网购调查中显示，淘宝网作为中国电子商务的领头羊，其影响力依然独大，有 88.7% 的网民表示未来半年内愿意选择在淘宝网购物，而作为淘宝打造的 B2C 平台——淘宝商城，也以其强大的影响力占据第二的位置。从购物习惯看，有一半左右的用户想到网上购物时往往会选择直接去淘宝网，而淘宝网在受访者中的第一提及率在各地购物用户中高达 60% ~80%。

2. 网上购物呈现集中化趋势

截至 2013 年 12 月，中国网络购物市场上排名第一的是天猫商城，占

50.1%；京东名列第二，占据 22.4%；位于第三位的是苏宁易购，达到 4.9%；后续 4 ~ 10 位排名依次为腾讯电商（3.1%）、亚马逊中国（2.7%）、1 号店（2.6%）、唯品会（2.3%）、当当网（1.4%）、国美在线（0.4%）、凡客诚品（0.2%）。

截至 2013 年 12 月，中国网络零售市场交易规模达 18851 亿元，较 2012 年的 13205 亿元同比增长 42.8%。截至 2013 年 12 月，中国网络零售市场交易规模占到社会消费品零售总额的 8.04%，而该值在 2012 年仅为 6.3%。

截至 2013 年 12 月，国内 B2C、C2C 与其他电商模式企业数已达 29303 家，较 2012 年增幅达 17.8%，预计 2014 年达到 34314 家。

淘宝集市地位依旧稳固，截至 2013 年 12 月，淘宝在 C2C 网络零售市场的占有率为 96.5%。拍拍网占 3.4%，易趣网占 0.1%。

截至 2013 年 12 月，实际运营的个人网店数量下降到 1122 万家，较 2012 年同比减少 17.8%。

截至 2013 年 12 月，中国网购的用户规模达 3.12 亿人，较 2012 年的 2.47 亿人同比增长 26.3%。

截至 2013 年 12 月，中国移动电子商务市场交易规模达到 2325 亿元，同比增长 141%，依然保持快速增长的趋势。到 2014 年这一数字将达到 4124 亿元。

2013 年中国海外代购市场交易规模达 767 亿元，较 2012 年的 483 亿元涨幅为 58.8%。

截至 2013 年年底，中国电子商务市场交易规模达 10.2 万亿元，较 2012 年同比增长 29.9%。其中，B2B 电子商务市场交易额达 8.2 万亿元，较 2012 年同比增长 31.2%。网络零售市场交易规模达 18851 亿元，较 2012 年同比增长 42.8%。其中交易规模排在前十的省份（含直辖市）分别为广东省、江苏省、北京市、上海市、浙江省、山东省、湖北省、福建省、四川省、湖南省。

截至2013年12月，电子商务服务企业直接从业人员超过235万人。目前由电子商务间接带动的就业人数，已超过1680万人。

2013年电子商务市场细分行业结构中，B2B电子商务占比80.4%，网络零售交易规模市场份额达到17.6%，网络团购占比0.6%，其他占1.4%。

第二节　网上开店优势多

足不出户，轻轻敲击几下键盘、点击几下鼠标，通过网络轻轻松松就能将生意做到五湖四海。可以说，网上开店正以其得天独厚的优势，吸引着越来越多的时尚一族借此来实现自己的淘金梦想。

在网上开店的优势是明显的，通常来说有以下几大优点。

一、方便又快捷

相对于实体店，在网上开店的手续及流程方便又快捷。卖家不用花费大量时间奔波于工商局和税务局之间，也不用花费大量时间排队去办理让人头疼的各种手续，只需在网上花费几分钟，按照网站的具体要求进行注册，就可以拥有一家独具个性的网上小铺了。

萧然是一个典型的网虫，大学毕业后一直没有找到合适的工作，也不想为了一个饭碗而屈居人下、失去自由，于是她就有了自主创业的打算。然而，想法单纯的萧然并不了解烦琐的开店注册程序，又苦于没有懂行的人引导，久而久之，这一计划也就不得不搁浅了。

后来，一个偶然的机会，她看到很多朋友都热衷于在网上购物，网上消费金额越来越高。看到这种情形，灵机一动的她就萌生了开一家专卖化妆品的网上小店的想法。事不宜迟，有了大致的想法后，她立即运用自己网络方面的知识，轻轻松松就成功注册了一家网上商店。欣喜之余，她还找了一位学美术的朋友帮忙，精心设计了小店的店面，不出一周，精美的网上小店就上线开张了。

从那以后，萧然在每天上网查资料、玩游戏的同时又多了一件事，那就是细心去照看自己心爱的网店。

二、投资少，进入门槛低

对于创业者来说，资金问题永远是一个让人头疼的问题。以开设一家传统的实体店为例，需要承担的经营费用就包括房租、水电费、员工开支、税金、物业管理费、进货费、宣传费、物品的损耗与折旧等，甚至还要包括店面转让费及押金等。这样算下来，要开一家实体店，没有数万元的资金投入是难以运作起来的。

然而，网店的出现则为创业者提供了一种更佳的创业选择，因为网上开店投资小，可以省下在实体店经营过程中产生的大部分费用。如可以省下租门面、装修门面的费用，还可以省下雇服务员的费用，以及水电、物业等各项费用支出。而且，由于开网店不用租门面、装修，也不用大量进货，所以投资极小。网上经营不用根据营业面积的增大而增加投资，也不会由于延长营业时间而增加开支。再者，网店经营者也完全可以根据顾客的订单去进货，不会因为积货占用大量资金。

此外，许多大型网上交易平台都为广大卖家提供了租金极低的网店，有的甚至免费提供服务，只是收取少量商品上架费与交易费。

网上开店投资小的这一优势，极大地降低了进入门槛。据调查显示，在中等城市开一家实体店的最少投资会在 5 万元以上，而在网上开一家一般规模的网店，除了硬件设施，有一两千元的启动资金也就可以了。

三、经营方式灵活多样

网上开店是借助互联网进行经营的一种全新商业模式，卖家可以选择全职经营，也可以选择兼职经营。网店不需要专人时时看守，营业时间也比较灵活，只要能够保证及时对顾客的咨询给予回复，就能够做到不影响经营，而不像实体店那样需要有人时刻盯守着。

由于投入较低、压货较少，网店更是将“船小好掉头”的优势发挥得淋漓尽致。经营者可以根据市场行情来随时调整自己的经营方向，可以随时转换经营商品种类，能够进退自如，没有太大的转型包袱。

四、基本不受营业时间、地点、面积这些传统因素的限制

传统实体店一般的营业时间为早9点到晚9点，如果老板或是店员有事，商店还可能要临时意外关门歇业，这对于时间就是金钱的经营者来说，无异于一种莫大的损失。另外，如果意外遭遇坏天气，那么商店即使开门营业，销售额也会大打折扣。而网上开店，只要电脑和网络不出问题，就可以一天24小时、一年365天不停地运作。无论刮风下雨，无论白天晚上，无须专人值班看店，都可照常营业，而顾客也可以在任何时间登录网站进行购物。

网上开店也不受经营地点的限制，网店的流量来自网上，即使网店的经营者所处的位置再偏僻也不会影响到网店的经营。

此外，网店的商品数量也不会像实体商店那样受店面面积限制，只要经营者愿意，网店上可以摆上几乎是不限量的商品。

五、潜在顾客范围非常广泛

由于实体商店都具有一定的地域性，因此其辐射范围及潜在顾客群也

是有限的。但网店则完全不受地域限制，从理论上说，只要是上网的人群都有可能成为商品的浏览者与潜在购买者，这个范围可以是全国的网民，甚至全球的网民。因此，只要网店的商品有特色、宣传得当、价格合理、经营得法，那么海量的访问与一个接一个的成交机会，绝对是可以期待的。

六、经营风险小

任何投资都有风险，而网上开店由于投资较小，因此也将风险降到了最低。开网店最大的优势在于不占用大量的进货资金，甚至可以等有了订单再去进货。这样不但不用大量压货，还可以省去库存成本。所以网上商店不仅可以进退自如，而且还可能因为成本节约而售价低廉，进而也就大大降低了经营风险。

此外，在经营实体店时，除了经营及投资上的风险之外，往往还要承受一些无形或不可预知的风险。如人为的恶意破坏、不可抗力等，这些因素都会给店铺经营者带来极大的实际损失及精神挫伤，甚至可能会使经营者血本无归。而选择网上开店，依托的是无形的网络平台，几乎没有上述风险。即使网店因故障或黑客攻击而完全瘫痪的话，那么其带来的最大损失也只不过是暂时的停业，而在网络修复之后生意仍然还可以照旧进行，对于经营者来说不会有太大的实际损失，更不会招致毁灭性的灾难。

第三节 开一家赚钱的网店，你准备好了吗

网上开店的确具有风险小、投资少、门槛低等诸多优势，但在具体开网店时，切不可有任何轻视心理，而应该精心做好各项准备，既要有硬件和软件投入上的准备，也要有心理准备。

一、网上开店的硬件准备

开网店虽然不用去租门面、选地段、找仓库，但也需要具备相应的硬件条件，否则网上生意是难以顺利开展的。

1. 工作场所

首先，必须要有一个固定的工作地址，这个地址可以是自己家里，也可以是自己租住的房子。写上自己详细的联系地址，才能让顾客更加信任你。

2. 电脑

网上开店，拥有一台能够正常上网的电脑是必不可少的。网店经营者要通过电脑来上传图片和其他所有商品信息，同时要用电脑通过网络来与消费者取得联系进行沟通，因此网店经营者首先要置办一台电脑。

如果资金充裕的话，还可以再选购一台笔记本电脑，配上一个无线上网卡，这样一来，就能够随时随地去管理、照看自己的网上小店，即使在旅途中也不会耽误自己的生意。

3. 数码相机

数码相机也是开网店必不可少的一个硬件设备。因为开网店需要把大量关于商品的图片上传到网络上，这样才能让顾客更清楚地看到商品，更好地吸引顾客。

网店经营者在选购数码相机的时候，千万不要只贪图价格便宜，一定要根据自己所销售的商品来选择相机。如果你要经营的是手工艺品，或者是其他对照片清晰度要求很高的商品，就要选择像素很高的数码相机，这样才能拍出清晰的照片。照片不清楚就不能通过图片充分展示自己的商品，将会影响商品的最终销售。

4. 电话

方便客户联系的移动电话、座机电话，最好都要具备，这样才能与网络相互配合，更加方便与顾客的联系。

5. 传真机、打印机

如果条件具备的话，可以配备一台传真机和一台打印机。传真机一般用于收发合同等，而打印机则可用于打印一些电子文档。目前市场上有不少的打印、传真、复印一体机，价格从高到低一应俱全，各个卖家可以根据自己的具体情况来选用。

二、网上开店的软件准备

在经营打理网店的过程中，一些常用软件同样也是必不可少的。

1. 电子邮箱

网上开店做生意，电子邮件是比较重要的一种沟通方式。因此，网上卖家要能够熟练地收发电子邮件，要拥有自己的电子邮箱。在挑选电子邮箱时，应该综合去考虑信息的安全性、能否长久使用、收发速度、防病毒能力、反垃圾邮件的效果、邮箱容量及允许上传的附件大小、使用是否方便等多种因素。一般而言，大型门户网站的邮箱是比较好用的。当然，电子邮箱还有免费和收费之分，具体该如何选择，卖家应该具体问题具体分析。

2. 网上即时通信工具

卖家经营网店主要是通过各种网上即时通信工具来与顾客进行交流、洽谈，因此，拥有一个甚至多个即时通信软件是必不可少的。

目前，常用的网络即时通信软件有腾讯 QQ、微软公司的 MSN、网易泡泡、阿里旺旺、千牛、阿里巴巴贸易通、新浪 UC 等。

3. 图片处理软件

目前最好用的图片处理软件，莫过于 PhotoShop，这是美国个人电脑软件公司 Adobe 公司推出的一款位图（像素图，如照片等）和矢量图（小图标一类的图形）处理软件，尤以位图处理更加出色。PhotoShop 的主要功能包括图像编辑、图像合成、校色调色及特效制作等，是一款功能全面、强大的图片处理软件。在网店经营过程中，需要经常用到的制作图案、修整照片图片、加水印等，均可借助此软件来实现。

PhotoShop 具有强大的图片处理功能，但同时也存有一些缺陷。首先是软件较大，正式版要占用 1000 多兆的存储空间。另外，这一软件过多的功能对于初学者来说，也具有一定的难度。

4. 网页制作软件

对网上开店的卖家来说，掌握一定的网页制作知识是有益无害的，而网页制作则需要通过相应的软件来进行。

最简单易学的网页制作软件要属 Office 家庭的重要成员 FrontPage 了，这是一款优秀的网页制作与开发工具，功能基本齐全，且界面同 Office 软件完全一致，只要会使用 Word、Excel 等简单软件，就很容易上手使用。

基本的网页设计软件除了 Office 系列软件中的 FrontPage 外，还有一款更专业的软件，那就是 Dreamweaver，这种软件制作出来的网页兼容性较强，制作效率也很高。此外，它与 Flash（用来制作精美的网页动画）、Fireworks（用来处理网页中的图形）一起被称为“网页制作三剑客”。这三个软件相辅相成，是专业制作网页的首选工具。

三、网上开店的心理准备

网上开店同样存在着很多不可预知的困难与挑战，因此要求经营者一定要调整好心态，并做好相应的心理准备。马云曾如此告诫淘宝卖家：“大家肯定都对自己生意的成交量很关切，对每个月能在淘宝上赚多少钱很在意，可今天要想从网上赚出大钱来很难，但请相信网上赚钱一定会是明天的趋势。”因此，对于网上开店，卖家一定要抱以一颗平常心，既要做好成功的准备，同时也不要妄想一夜暴富。具体来说，在经营网店的过程中，下列心态也是必要的。

1. 不着急，有耐心

在网络经济日益高涨的今天，网络上大大小小的店铺浩如烟海，如果你新开的网店没有什么特色，很有可能从一开始就被淹没在“芸芸众店”当中。所以，网店经营者首先要做好店铺开张一两个月卖不出去一样东西的准备。

网络商店与实体店一样，开店的过程肯定不会都是一帆风顺的，都存在卖不出去东西的可能。网上开店要学会淡然处之，千万不要因为第一个月没有成交，就像一只泄了气的皮球那样灰心丧气。

2. 不急不躁

自己店铺的宝贝长时间无人问津；明明被拍下的商品，买家却迟迟不肯成交；顾客恶意欺骗而无奈亏钱；顾客没完没了的讨价还价，最终竟然没有成交……面对这些情况，网店经营者要能够做到冷静面对，不急不躁，仔细分析其中的原因，稳中求胜。

3. 虚心向优秀店主学习

“三人行必有我师”，在开网店中也是非常重要的，虚心向有经验的店主学习，可以使自己少走很多弯路。

4. 把开网店作为一种乐趣

有很多人在网上开店完全是为了获得一种乐趣，他们通常是出于个人的兴趣爱好，在个人情操得到陶冶的同时，也往往能赚到钱。

第四节　选择最适合自己的开店方式

网上开店形式灵活多样，主要有三种方式：兼职经营、全职经营、网店与实体店结合经营。经营模式没有定式，对于准备在网上开店的卖家来说，不要盲从别人的经营模式，而应该根据个人的实际情况来确定自己的开店方式。

一、兼职经营

兼职经营是指将网店作为自己的副业，这种卖家一般都拥有一份固定且清闲的工作，在工作之余也有相应的时间来打理自己的网上小店。这样一来，不仅可以丰富自己的业余生活，让自己过得更充实，同时也能增加一份额外的收入，可以说是一件一举两得的妙差。此外，还有一些课业不是太重的大学生，也会根据自己的兴趣在业余时间来经营一家网上商店。

但是，准备兼职经营网店的卖家也需注意，尽管网上开店风险较小，所需投资也不大，但它毕竟要涉及进货、定价、销售、售后服务等诸多环节，因此也必然会分散卖家的部分精力。这就要求选择这种方式的卖家要做好合理的时间安排及心理准备，以免影响到正常的工作和学业。

李萌是个导游，经常带队出国，在旅行的过程中她经常能带回很多异国他乡的特色纪念品，堆满了自己的房间。久而久之，这些旁人眼中的宝贝在李萌那里却成了鸡肋，越来越多的纪念品堆积在房间里，将房间弄得乱七八糟，留下来不方便打扫，扔了又舍不得，李萌为此很是头疼。

正当李萌一筹莫展时，恰巧一个朋友前来串门，那朋友刚一进门，就被满屋子的精美纪念品所吸引，最终这位朋友出了一个很高的价格买走了一件纪念品。

这一经历让李萌非常惊讶，她明白了原来这些东西在别人眼中都是值钱的宝贝。于是李萌开始思索如何才能让更多的人来买自己的纪念品，考虑到自己有正式的工作，所以要开个饰品小店是行不通的。既然实体店行不通，那就开一个虚拟的网上商店，这一想法让李萌兴奋不已。很快，李萌的专卖那些从异国他乡淘来的纪念品的网上小店开张了。

李萌经营的富有特色的纪念品大都来自欧美、日韩等地，设计上惟妙惟肖、做工精致，再加上李萌店里纪念品种类多、价格低，因此她的商品在网上非常受欢迎。网店上线后，她几乎每个月都能获得一笔工作之外的不菲收入。就这样，在兼职网店经营中，李萌既获得了额外收入，又收获了好心情，还交到了很多朋友。

二、全职经营

全职经营与兼职经营的区别在于，卖家要将全部精力都投入到网店的经营上，同时也将自己收入的所有来源寄托在网店上。

全职经营网店比较适合具有以下特征的人群：一时找不到合适的工作；厌倦了朝九晚五的工作，不喜欢被别人管制、被条条框框束缚；具有较强的自信心，能够承受住较大的压力，具有强烈的事业心的人。

其实，如今电子商务的发展已经今非昔比，在网上全职开店完全可以作为一个人的终生事业。随着电子商务越来越被人们接受，在网上开个店铺来经营已经被越来越多的人提到创业日程上来，而且通过网上开店也一样能获得成功。

据调查，除了工作辛苦外，很多经营得当的全职网店经营者的收入都不低，如果经营得好，月收入过万元也是容易实现的。还有些网上店铺不仅销售量大，还发展了加盟店，并且最终成功地打造了自己的品牌。

蒙蒙是一位个性非常强的年轻人，毕业后为了找工作费尽周折，后来总算找到了自己喜欢的策划工作。然而，不幸的是，他工作后不久就赶上了金融危机，时刻可能会到来的裁员、降薪危机，几乎压得他喘不过气来。经过一番深刻的思考，他果断告别了繁重的工作、微薄的薪水与越来越无理取闹的上司，转而去开了一家经营时装的网上商店。网店开业之前，他充分利用自己的职业优势，对自己的小店进行了精心策划与包装。在充分做好市场考察、定位与宣传推广工作后，小店一经推出，即赢得了开门红，第一个月的纯利润就有4000余元。

这一小小的成功让蒙蒙兴奋不已，同时也更加坚定了他将网店继续开下去的信心。为了扩大经营规模，他还找亲戚借来两万余元，正兴致勃勃地准备“扩大再生产”。

三、网店与实体店结合经营

现在，随着网上开店越来越火热，很多实体店也纷纷开通了网上商店，以图扩大销售量，增加销售收益。

另外，还有一些实体店和商品生产厂家，为了在互联网上宣传自己的商品，同时也为了在网上有一个可以对外展示的窗口，通常也会建设一个网上商店。其目的主要在于网上网下相结合相呼应，这样一来，不但能够提高公司的知名度，还能够创造意想不到的经济收入。

对于实体店经营者来说，要开通网上商店，还具备一些独到的便利条件与优势。首先，网店有了实体店的背后支持，能够有效消除货源上的后顾之忧；其次，实体店经营者往往都经过了长期的市场历练，不论是在进货还是在销售技巧上都具有老练而丰富的经验；最后，拥有实体店的经营者，更容易得到顾客的信赖与认可。

第五节　选择适合自己的开店平台

在网上开店离不开相应的网络平台，因此，在开网店之前，精心选择开店平台是一个非常重要的环节，应该根据自己的资金实力及开店计划，来对各种网上开店平台进行综合性价比分析。

一、免费开店的网站

现在有很多购物网站都可以提供免费或缴纳保证金后开店的业务，比较有影响力的主要是天猫商城、淘宝网、易趣网和拍拍网。

1. 天猫商城

天猫商城网址为 http://www.tmall.com/。

“天猫”（Tmall）原名淘宝商城，是一个综合性购物网站，也是中国线上购物的地标网站，亚洲最大的综合性购物平台，拥有 10 万多品牌商家。2012 年 1 月 11 日上午，淘宝商城正式宣布更名为“天猫”。2012 年 3 月 29 日天猫发布全新 Logo 形象。2012 年 11 月 11 日，天猫借“光棍节”大赚一笔，宣称 13 小时卖 100 亿，创世界纪录。天猫是马云为淘宝网全新打造的 B2C 商城，其整合数千家品牌商、生产商，为商家和消费者之间提供一站式解决方案，提供 100% 品质保证的商品、7 天无理由退货的售后服务，以及购物积分返现等优质服务。2014 年 2 月 19 日，阿里集团宣布天猫国际正式上线，为国内消费者直供海外原装进口商品。

2. 淘宝网

淘宝网网址为 http://www.taobao.com/。

淘宝网于2003 年5 月由著名的阿里巴巴公司投资创办，致力于成为全球最大的个人交易网站。该网站目前提供免费注册、免费认证、免费开店等服务。

尽管淘宝网的推出比易趣网（eBay）晚了近 4 年的时间，但作为后起之秀，淘宝网凭借其免费策略及良好的信息反馈和服务支撑而迅速占领了国内市场。

如今淘宝网已经占据了 C2C 市场的半壁江山，是网络卖家与买家的首选网站，几乎成了网上开店与购物的代名词。

3. 易趣网

易趣网网址为 http://www.eachnet.com/。

1999年8月，易趣在上海创立，主营电子商务，由邵亦波及谭海音所创立，两人同为上海人，毕业于美国哈佛商学院。2000年2月，易趣网在全国首创24小时无间断热线服务，2000年3月至5月，与新浪结成战略联盟，并于2000年5月并购5291手机直销网，开展网上手机销售，使该业务成为易趣特色之一。2002年，易趣与eBay结盟，更名为eBay易趣，并迅速发展成国内最大的在线交易社区，秉承帮助几乎任何人在任何地方能实现任何交易的宗旨，不仅为卖家提供了一个网上创业、实现自我价值的舞台，品种繁多、价廉物美的商品资源，也给广大买家带来了全新的购物体验。

2006年12月，eBay与TOM在线合作，通过整合双方优势，凭借eBay在中国的子公司——eBay易趣在电子商务领域的全球经验以及国内活跃的庞大交易社区与TOM在线对本地市场的深刻理解，2007年，两家公司推出为中国市场定制的在线交易平台。新的交易平台带给国内买家和卖家更多的在线与移动商机，促进eBay在中国市场的纵深发展。

4. 拍拍网

拍拍网网址为http://www.paipai.com/。

拍拍网是大型的知名网络零售商，致力于打造全球领先网络零售商圈。网站于2005年9月12日上线发布，2006年3月13日宣布正式运营。拍拍网依托于腾讯QQ超过5.9亿的庞大用户群以及2.5亿活跃用户的优势资源，具备良好的发展基础。据Alexa数据显示，拍拍网运营满百天即已进入“全球网站流量排名”前500强，并且创下电子商务网站进入全球网站500强的最短时间纪录。

2006年9月12日，拍拍网上线满一周年。通过短短一年时间的运营，拍拍网成长迅猛，与易趣、淘宝共同成为中国最有影响力的三大C2C平台。2007年9月12日，拍拍网上线发布满两周年，在流量、交易、用户数等方面取得了更全面的飞速成长。截至2007年第二季度，拍拍网的注册用户数接近 5000 万，在线商品数超过 1000 万。据易观国际报告显示，2007 年第二季度拍拍网获得了 20% 的增长，并迅速跃居国内 C2C 网站排名第二的领先地位。凭借丰富多样的商品类别和高人气的互动社区，拍拍网已成为国内成长最快、最受网民欢迎的 C2C 电子商务交易平台。

拍拍网基于腾讯 QQ 以及腾讯其他业务的整体优势，在经营理念、产品技术等方面提出了很多创新，例如在业界首次研发的“边聊边买”“买家与卖家信用分离制度”等创新专利均获得了业界的广泛认可和采纳。

拍拍网一直致力于打造时尚、新潮的品牌文化，希望与千百万网民一起努力共同创立一个“用户自我管理的互助诚信社区”，为广大用户提供一个安全健康的一站式在线交易平台，最终成为最受网民欢迎的、中国最大的电子商务民族品牌。

二、收费开店的网站

除了可以免费开店的网站，还有一些收费开店的网站。

1. 富贵网

富贵网网址为 http://www.rich8.com/。

“富贵网”网上商城成立于 2002 年，是一个集经济贸易、网上商店为一体的最集中的大型网上商城，可为厂家、公司、商店和个人提供网上交易平台。富贵网拥有相当数量的访问量和较大的固定注册用户群，目前已有注册商家 10 万多家、购物注册会员已超过 300 万。

目前，富贵网的网上店铺有以下四种形式：简易型网店（180 元/年）、标准型网店（300 元/年）、豪华型网店（500 元/年）和商务型网店（800 元/年）。

2. 当当网

当当网网址为 http://www.dangdang.com/。

当当网从 2007 年年初开始对在其平台上注册网店的商户收取每个月

500 ~ 5000 元不等的固定租金。如果店主没有十足的把握，在这里开店要慎重。当然，相对于淘宝、易趣上面浩如烟海的卖家，当当上的联营店被顾客浏览到的频率将会大大增加，但相应地开店成本也会增加。

上述两类网上商店都是挂靠在大型购物网站上，而独立网上商店则有一个独立的域名作为网址，是网店经营者根据自己的商品情况，自行或委托他人设计的一种网站。这种网上商店，完全依靠经营者通过各种宣传方式来吸引顾客浏览自己的网页并购买自己的商品。独立网上商店比较有代表性的有京东商城、红孩子等。

网店成功案例

网店催生出的学生小老板

目前，在校大学生创业已不再是新鲜的话题，但大学生网上开店还算是个比较新的选择。不少率先“吃螃蟹”的大学生不仅找到了赚钱的途径，还体会到了轻松做老板的乐趣。

1997 年，还在读初中的小良就已经开始接触互联网了，他时常上网浏览网页、聊天、听音乐……在熟悉了这些网络元素之后，他发现网上也有一些商品在出售，于是他也想尝试一下。他翻出父亲买来闲置无用的一堆光盘，写了一些商品简介发布在了易趣网上，还配发了图片。如他设想的一样，前几天，根本无人问津。让他感到意外的是，五六天之后他居然真的接到了一个求购电话，对方问他怎么进行支付，小良惊喜不已，这是他第一次在网上进行交易，还赚了些小钱。

初次尝试成功之后，小良开始利用空闲时间学习网上交易的操作技巧，并将所有的零花钱都作为流动资金，投入网上交易中。2002 年，小良进入了北京某重点院校，学习广告设计，同年他在网上开了一家自己的店铺，取名“小良数码”。“一开始只是做着玩玩，后来发现确实能赚些零花钱。”开始两个月，小良的网店生意比较冷淡，主要是信誉度低。后来，一些前来访问的顾客发现这个店主的信誉不错，回头客就多了，生意也渐渐红火起来。小良不仅做起了小老板，而且还用开网店赚的钱支付了自己上大学期间的所有费用。经济上不再依赖父母，这使他在同龄人中感觉很是自豪。

其实，在小良刚开始迷恋网络的时候，由于家人担心会影响到他的学业，一度强烈反对，有一段时间，他甚至在父母的勒令下不能再碰电脑。

“是我吵着闹着，好不容易才把存在他们那里的压岁钱给拿回来的。第一笔风险投资应该是我投给我自己的。”小良认为这是自己人生中一个正确的决定，“在我后来出了成绩以后，家里才肯支持我，并给我资金。”小良说后来自己开网上商店已经有了一个“家庭工作团队”的帮助。他的父亲在一家物业公司工作，上班的地方离邮局很近，邮寄商品的工作很多时候由他代劳。母亲也帮忙打理网店的账务，“妈妈本来就是做会计的，虽然还没有退休，但我这点事对她来说是小菜一碟。”

到了2005年，小良的网店月均销售额已经突破了一万元。他说如果以后业务再扩大，就要开个公司找人一起做。期间，他还参加了某大学生电子商务竞赛，并一举夺冠，还因此而获得了10万元奖金。在他领取奖杯和奖金支票的那一刻，他有了一种“明星”的感觉。创业初期的小良想法很多，他计划将一部分奖金拿出来做流动资金，继续扩大业务，另外还准备读一些管理学、电子商务类的课程。

2006年，小良圆满完成了学业。从上海大学广告艺术设计专业毕业后，当他的同学都去广告公司或设计公司做了设计师、网管、CIO时，小良却没有去找工作，而是选择了继续经营自己的网上商店，继续做老板。

自己经营网店，与之相关的所有环节都要考虑到，小良当然也觉得辛苦，经常半夜一点多才睡。但他并不觉得累，因为是在做自己喜欢的事。

第二章

质量有保证，宝贝有人要

要想开一家赚钱的网店，那么就必须要选择一种合适的商品，否则无人问津也是没有营业额。作为网络商家，在选定网络开店平台、开通网上店铺之后，首要的任务就是要寻找到独具特色且适合网上销售的产品。然后，把握好定位、准确而详细地描述商品、掌握诚信的销售技巧等，以此打造出具有竞争力的宝贝，这也是开一家赚钱的网店的关键因素之一。

第一节 什么商品适合在网上销售

并不是所有的商品都适合在网上销售，网络卖家要充分认识到这一点，商品定位不当，最终很可能会导致竹篮打水一场空。网上开店，首先要选准卖什么，并且在选择的过程中，要考虑到自身财力、商品属性以及运输问题。

一、最适合在网上销售的商品

根据各大网络销售平台的销售情况统计，以及广大顾客的网络购物习惯，以下几种商品是网上比较畅销的。

1. 服装

服装是人们的一种必需品，市场需求量大，不存在生产日期、变质过期等问题，而且包装运输起来也比较方便。但是，现在服装款式可以说是多如牛毛，浩如烟海，如何从中挑选出一些充满个性而又讨顾客喜欢的款式，则需要卖家独具慧眼。此外，销售服装还会不可避免地涉及尺码和型号等问题，这些问题都需要在实战中去摸索和总结。

2. 化妆品

化妆品可以说是迎合了女人爱漂亮这一需求，哪个爱美女士家里没有几个盛满的瓶瓶罐罐。俗话说女人的钱最好赚，而化妆品可以说是打开女人钱包的一个最佳武器。另外，还有一个趋势足以让化妆品卖家喜笑颜开，那就是与女性相比，一些时尚男同胞们也开始对化妆品有了越来越明显的需求，且有愈演愈烈之势。可以说，化妆品市场的前景是极其广阔的。

但是话说回来，化妆品也有其经营上的难点，其中一个突出的问题就是化妆品品牌、功能众多，而且顾客在具体选用上也会受到个人偏好及肤质的影响。也就是说，任何品牌的化妆品都不可能将所有顾客一举拿下。因此，网络卖家唯有经营好自己的细分市场、看好自己的一亩三分地、留住回头客才是化妆品经营的王道。化妆品经营的另一个问题是，它们都存在过期变质的隐患，而且一些玻璃瓶包装的化妆品也不便于运输。

3. 首饰

首饰主要满足的同样是女性顾客，每个女孩子都有或多或少的饰物，在给女性送礼物时，人们首先想到的往往也是送饰品。而且，首饰也不存在过期变质等问题。因此，具有极大的消费群体，市场潜力巨大，就像一位网络卖家所说的："作为一名男士，我永远也无法理解为什么有这么多的女士会对首饰趋之若鹜。买完金银首饰买珠宝首饰，买完珠宝首饰买钻石首饰，买完项链买耳环，买完耳环买手链，买完手链买脚链……总之事实是，无论是在易趣还是在淘宝，首饰（尤其是水晶、翡翠类首饰）一直都是卖得最好的商品之一。"

不过，首饰卖家需要注意的是，一定要把握好时尚趋势，走在潮流的前沿，这样才能赢得大批顾客的光顾。

4. 通信数码产品

网上通信数码产品市场火爆的主要原因在于其价格优势。由于省去了实体店房租等很大一部分经营成本，通信数码产品在网上的价格远低于市面上的价格。

如今数码产品在普通消费群体中也越来越普及。现在几乎人手一部手机，大部分人都有数码相机、MP3、MP4，电脑也不再是一种奢侈品。而且上述通信数码产品都时常更新换代，因此这可以说是一个能够进行永续经营的庞大细分市场。

数码通信产品由于价值相对较高，顾客通过网络购买存在一定风险。因此，作为卖家要想长期经营，就一定要保证产品质量，保证较高的性价比，并提供良好的售前、售中、售后服务，只有这样才能打消顾客的后顾之忧。

5. 成人用品

成人用品是一种比较特殊而敏感的商品，很多人都羞于提及，就更别提去亲自购买了，但现实中这类产品却又存在着实实在在的需求。正是由于这些特点，使成人用品更加适合在网上销售，因为它能够在保护个人隐私的同时也能很好地满足其需求。一位网上成人用品卖家曾这样戏谑说："对，你没有看错，就是成人用品。你是不是觉得不好意思，如果你连看到这四个字都不好意思，那么让你到成人用品店去购买这些用品岂不是会更加不好意思？所以，还是到网上下订单吧！"

6. 男士用品

不得不承认，有时候男人的钱也是很好赚的，曾有一篇名为《男人！ZIPPO》的文章，介绍了一位 ZIPPO 打火机的网络卖家，说他能够轻松月入上万元。由此也可以发现男士用品的火爆，其他如瑞士军刀、皮具、男性饰品等产品也是有很大市场的。但卖家一定要注意把握好男性顾客的消费心理，并保证较高的商品品质。

7. 家居用品

家居用品的范围特别广，每个家庭都会用上家居装饰用品。有很多网络发烧友在进行房屋装修时，甚至会在网上购买所有的装饰、家居用品。另外，床上用品可以说是家居用品中最畅销的一类。

家居用品不仅消费群体极大，市场需求量大，而且也没有尺码、保质期等令人头疼的问题。但卖家要想脱颖而出，还要做出特色，在价格上形成自己的优势，并充分考虑到一些大件商品的运输问题。

二、网上热销商品的特点

网上销售平台有自己的独特之处，将实体店的商品直接复制到网上来销售，是很难成功的。网上热销的商品通常具有以下几个显著特点。

1. 新、奇、特

在网上销售的商品一般都具备新、奇、特的特征。它们往往都是一些在其他地方买不到、不易买到，或者是以同样的价格很难买到的商品。比如地方特产、外贸尾单产品以及从国外带回来的新奇产品等。而那些传统市场上随处可见、触手可及的商品在网上显然是没有销路的。

只要你的商品足够新奇、足够有创意，就一定会有市场，因为网上到处都是那种猎奇心较重的个性顾客。独树一帜有时候恰恰是让你的小店财源滚滚的保证。

2. 绝对低价

试想，如果你的商品价格和传统市场上的商品价格相比没有任何优势的话，有谁会在你的小店消费？其实，在网上消费的顾客，除了便捷之外，更多的是冲着“低价、便宜”去的。如果不能在这一点上迎合顾客的消费心理，那你的网店经营也就很难打开局面。

而事实上，由于网上经营省去了很多传统经营上的成本，因此所销售的商品也理应比传统市场上的商品价格要低。

3. 标准化

标准化即应该保证顾客在网店上看到的图片和收到的实物一致，不要让顾客有心理落差，进而产生上当受骗的感觉。而那些标准化产品，由于在店铺中就其编号、描述、性能、价格、型号等信息进行了详细而统一的描述，就能够有效打消顾客的顾虑心。因为，他们知道无论自己在哪里购买，都会得到一样的产品。

4. 具有广泛而持久的需求

任何网络卖家都不想只做一锤子买卖，因此应尽量去选择销售大多数人都需要、不断重新购买、具有普遍需求的产品，这样才能让自己的买卖持续进行下去。

第二节 组织货源有讲究

确定了网上开店的主打商品之后，接下来就是想方设法去组织货源了。这一个环节同样相当关键，你能否淘到质优价廉的货源，将在很大程度上决定你网上开店的成败。通常，网上卖家可以通过以下进货渠道去选择货源。

一、批发市场值得一去

对于大多数网络卖家来说，去批发市场可以说是一种首选进货方式。因为，尽管很多人想直接从厂家以最低的价格进货，但并不是所有的厂家都愿意与小商家直接合作的。

1. 批发市场的特点

①批发市场的商品数量多、品种全，挑选余地大，卖家能够更好地“货比三家”。

②批发市场营业时间较长，卖家可以耐心挑选，而且进货量可大可小，比较轻松自由。

③批发市场的价格相对较低，卖家容易实现薄利多销。

对于新手卖家来说，批发市场的确是个不错的选择。如果你周围有大型批发市场的话，不妨就去那里转转吧，相信你会淘到满意的宝贝。

2. 批发市场进货注意事项

一些新手卖家在前往批发市场特别是大型批发市场的时候，往往会有一种茫然无措的感觉，不知该从哪里下手，不知该如何开口询问。为了让新手卖家在批发市场更加游刃有余，同时也使自己看上去专业一些，不至于被人一眼就定性为菜鸟，在此，为广大新手卖家总结出几条实用的注意事项。

（1）穿着要得体，形象要专业

不要以为批发市场里面各色人等都有，鱼龙混杂，穿什么衣服都无所谓。其实不然，批发市场虽然没人对你的着装做出要求，但切记不要穿得过于正式或过于时尚，也尽量不要穿高跟鞋和裙子，那会非常不方便，除非你想速战速决拿货。另外，在一些露天型批发市场，也不要穿吊带背心之类的衣服。总之，在逛批发市场时着装应以休闲、轻松、舒服为主。

除了着装要得体外，进货时还应注意自己的扮相，不要让批发商看出你是新手。现实中，很多新手卖家往往会两手空空地前往批发市场，既没有标志性的拿货小推车，在问价时也总是习惯问“多少钱一件”“这件怎么卖”或“可以拿几件”等。这样一来，批发商往往就会认为你没经验而设法加价或用其他手段忽悠你。

其实，要让自己扮相显得更专业一些也很简单。你可以事先准备一个小拉车，如果实在用不上，也可以准备一两个批发市场常见的那种黑色大塑料袋。如果想更完美一点，最好事先在塑料袋里装一些比较轻便的东西，以冒充刚刚在其他家拿了货，这样就不会再有人敢“轻视”你了。另外，在询问商品价格时也是有讲究的，可以用“怎么批”“怎么拿”或“最低多少”等语句去问，进货较多的话可询问“打包多少”，而不要采取“多少钱一个”或“这件怎么卖”等零售市场上的问法。

（2）做好市场调研

每个批发市场里面经营同类商品的商家有很多，而且在一些较大的城市往往还不止一家批发市场。因此，新手卖家在确定好进货种类后，如果想以最低价拿到货，那么就有必要首先进行一次详细的市场调研。这时候千万不能嫌累怕麻烦，因为它为你节省的是实实在在的进货成本，进而也能让你的网店在价格上更具竞争力。

为了使调研更有针对性，更有效率，建议新手卖家要提前准备好笔记本和笔，甚至可以提前制定出一个表格，以便根据具体情况设置商铺名称、地址、电话、主要风格、质量、单价范围、最少拿货数量、可否退换货、包装、补货、备注等项目，这样一来，在实地调研中就可以直接将货源信息填写在表格中。经过对比分析，孰优孰劣，也就一目了然了。

在调研时一定要把握住一个底线——只看不买。因为这时的目的不是达成交易，而是为了调查比较。因此千万不要在一些巧舌如簧的批发商的忽悠下仓促下手。

另外，去批发市场一定要尽早，通常上午8点多到11点这个时间是进货高峰，若这时候前去你会看到最真实的情形，因为你可以去实地观察别人的交易情况。尽量不要在批发市场快关门的时候去。

切记，在调研的时候一定要多看多问多比较，不要怕批发商厌烦。另外，在询问时也要时刻注意批发商的反应，尽量不要涉及“我刚在别家看见的一样的东西，人家很便宜，你这里怎么这么贵啊”，“老板，你这衣服质量不怎么样啊”这类敏感的问题。

（3）讲价钱有技巧

很多网店卖家都抱怨自己进货价格太高，利润都被批发商赚走了。之所以出现这种情况，大多是由于卖家自己不会讲价，也怪不得别人。其实，批发商给的价格也都是因人而异的，并不是所有人都能以最低的价格拿到货。而且，目前很多的批发商不再从事单一的批发，都是批零兼营。

所以，新手卖家在进货时，首先要弄清楚批发商到底是以批发为主还是以零售为主。如果以批发为主，商品的价格就会很低；如果是以零售为主兼顾批发，价格自然就会高些。其实区分这一点是很容易的。以服装批发为例，对于那些以大型批发为主的商家，所有的服装都是不允许试穿的；而以零售为主兼顾批发的地方，就可以随便试穿。

而在具体讲价钱时，也要学会使用一些“行话”，不然被批发商听出是外行，价格也会被抬高。

果果在网上经营着一个服装小店，她的砍价功夫非常专业。果果进货从来都不会选在周末，她说那个时候买东西的人多，价格也会比较高，而周一、周二相对来说人比较少，对于砍价很有利。

进入批发市场以后，果果也并不急于出手，开始她只是仔细地选货。终于，她看中了一款上衣，问道："老板这个怎么拿？"老板说："拿货啊？这款拿货价是48元，共有五种颜色。"

果果脸上露出不太满意的表情："衣服看起来还可以，只是价格太高了，便宜点吧！"老板问："你拿多少？"由于并不准备拿太多，聪明的果果便回答说："我的店，每月流水都是非常不错的，所以每周都要补两三次货，但是每次补货都不会很多，可能就几件，你给多让一些，我们可以长期合作的。"老板说："我这里不高的，都不赚钱。"

果果说："如果能让5元的话，我现在就可以拿。"这时果果做出准备走的样子，并且开始朝门口迈动脚步。老板看果果走到了门口，就说："拿几件吧，下次还到我这里来啊！"果果边挑商品，边回答说："没问题。"

新手卖家在进货时要注意，通常在那些以批发为主的市场里，讲价幅度不会很大，但灵活的批发商还是会给顾客让一些价钱的。不过有些地方的确不可以讲价，这些从对方的口气中是可以听出来的。

（4）退换货条件一定要谈妥

在进货时，千万不要忘记跟批发商谈好残次品的退换货问题，以及滞销货的换货问题。批发市场里的商品，虽然价格较为便宜，但质量却不是百分之百可靠的，除非你只进名牌产品。一般来说，批发商通常也愿意与老顾客、回头客打交道，因此，只要你提出了这些问题，滞销货换货或是售后服务之类的要求，批发商一般都会满足你的。

对于新的网店卖家来说，最初的时候应该多去批发市场逛逛，跟一些热情开朗的批发商多聊聊，在聊天中就可以学到不少东西。接下来就要认真考察商品的品质，选择质量好、做工细、价格低的商品了。如果遇到热情实在的批发商，你就可以将之作为固定的进货商，这样以后熟悉了，不仅能够以较优惠的价格拿到货，而且沟通起来也方便，他们也会告诉你现在哪些商品好卖，哪些商品不好卖，甚至在断货的时候可以优先为你供货。再者，为了维护老顾客群，他们通常也会为你提供比较好的退换货服务。

（5）一次不要进太多货

没有经验的新手卖家往往会在进货时遭遇这种情况：在批发商的鼓动下一次性拿了很多货，感觉价格质量都很满意。但回到家后，头脑冷静下来再仔细一看，却发现也就那么回事，甚至开始后悔了。

为了避免出现这种情况，在进货时，卖家一定要根据实际情况，明确每次进货或补货的资金、种类、数量，尽量不要超支。避免超支的一个最好办法是——进多少货，带多少钱。不要带多余的现金，要进 2000 元的货就不要带 3000 元。因为，在批发市场那种场合，你很可能会被那种环境与气氛所感染，或被批发商的花言巧语所左右，而一时头脑发热，拿了不该拿的货，最终追悔莫及。

（6）补货的注意事项

新开的网店由于销量较小，因此不可能每次进货太多，所以就会涉及补货的问题。

有一些网络卖家在刚开店时为了减少资金占用，往往会先去批发市场为商品拍些照片，拿回来上传到自己的网店，等收到订单之后再去进货。采用这种方式尽管可以减少资金的占用，但也存在不小的风险，因为卖家往往会发现，那些只有图片的商品有人订货了，可去批发市场进货时，却发现已经断货，这样不但影响销售，甚至还会影响店铺的信誉。

事实上，任何生意都是有风险的，不敢承担风险的卖家也挣不了什么大钱。因此，不建议网络卖家采取上述那种投机取巧的运作方式。

对于新手卖家来说，最好是每件商品都至少进两件货，当然，这些商品最好是没有尺码差异的，也就是说大家都能用的，如果实在卖不出去的话，还可以退换货，也可以当礼物送人或者自用，这也是在有效控制和规避风险。

对于已经找到些感觉、开始上路的店主来说，则要留足库存并定期进行补货，当然前提是你已经知道在哪个季节哪些商品好卖。另外，要勤跑批发市场，多留意商品的销售情况及流行趋势，以免在断货时措手不及。要学会即时准确地补货，不然一旦发生畅销品断货，就会损失利润，影响店铺形象。

（7）安全问题不容忽视

由于批发市场人多眼杂，什么人都有，因此一定要注意安全问题。要尽量少带贵重物品，以避免不必要的损失，除了必要的货款，其他物品尽量少带。因为进货的时候要兼顾很多事情，很容易会忽视随身携带的贵重物品。货款也应放在贴身或比较隐蔽的位置。

在进行交易时，为了避免不必要的麻烦，一定要当面清点好钱款，注意不要多给钱，不要收到假币。而对货品同样要当面清点好，不要怕麻烦，因为在顾客较多的时候，批发商少发货或发错货的情况是有可能发生的。所以，与其将来发现问题后再被动地前来解决，不如当面花些时间就地消除隐患。

另外，对于买好的货物，一定要看好，要随身携带，防止被一些别有用心的人顺手牵羊。而且，在批发市场里，也尽量不要找人帮忙推货，其中原因就无须再多说了。

二、从厂家直接进货

通常情况下，商品出厂后到流转至最终消费者手里，要经过以下流程：生产厂家→全国批发商→地区批发商→终端批发商→零售商→消费者。如果是进口商品还要增加一个进口商的环节。

所以，如果网络卖家选择从批发商处拿货，其位置很可能就是处在上述环节中零售商那个位置，这时候拿到货的价格相对于出厂价来说，已经被各级批发商层层拔高了，利润空间也就大大降低了。

因此，很多网络卖家都希望直接以出厂价格从厂家进货，从正规的大厂家进货，不但货源充足，进货价格低，服务态度和信誉有保证，而且长期合作的话，通常还能争取到滞销货款。

尽管从厂家直接进货存在着诸多优势，但并不是所有卖家都能如愿以偿地省去中间环节，直接从厂家拿货的。因为厂家特别是一些外资工厂或大型工厂等，通常是不屑于签署一些小订单的，对大多数单打独斗的网络卖家他们更是不予理会。所以，除非你有特殊而过硬的关系，否则就不要浪费心思去碰壁了。

那么，对于销量不大、进货量也很有限的网络卖家来说，怎样才能从厂家直接进到物美价廉的货呢?

1. 选择质量过硬的小厂、加工厂

既然直接从大厂家进货不太现实，那么可以转而去选择刚刚起步不久的小厂、加工厂来进货，当然前提是对方的产品质量一定要有保证。这类生产厂家往往是处于起步阶段，没有太多固定的批发客户，知名度还不高，所以为了争取销量和客户，他们的起批量通常要求不高，价格一般也都会很低，网店卖家可以从中获得充足的利润空间。

当然，即使是选择从这种小厂家进货，卖家也不能抱着像去批发市场那样的心态，每次进货四五件、七八个。如果这样，也肯定会被厂家拒之门外的，所以，从厂家进货需要卖家具备相当的经济实力及周转资金。

进货时，网络卖家可以根据自己的进货经验与厂家商定价格以及退换货等问题，千万不要以为厂家给你的就是最低价格，他们对批发商也是分三六九等的，给予的待遇也是不同的。因此，如果不去尽量争取，也很难得到最低的进货价格。

如果双方打算长期合作，最好要签订一个书面协议。而且对方出于工厂长期发展的考虑，通常也会提供较好的售后服务。

天津的张先生经营着两家玩具店，一家是实体店，另一家则是网店。一直以来，他都是习惯前往义乌、临沂等小商品批发市场去进货。但时间久了他却发现，每次去进货，各个批发商的报价都大相径庭，由于他需要进货的种类比较多，而在批发市场，他永远都不可能以最低的价格拿到所有种类的商品，其中总有批发价高于其他商家的商品。但如果分散开来批发，又要耗费太多的精力，而且也会失去整体讨价还价的优势。

由于张先生每次都要进上千种货，所以不可能认真比较每一款商品的报价，只能在进货时选择那些给出主流商品最低报价的批发商。慢慢地，张先生发现某些商品的进价大大高于竞争对手，有不少顾客都被吓跑了。

后来，为了彻底解决进货价格问题，张先生开始试着直接跟生产厂家联系，可由于每次的单品进货量无法达到生产商的最低出货要求，所以很多大生产商都将他拒之门外。无奈之下，张先生开始花大力气寻找质量可靠的小生产厂商。

功夫不负有心人。在经过多方寻找之后，张先生终于找到了几家稳定的供货小厂，不但供货有了保障，价格降了下来，还得到了滞销玩具换货的保证。进货价格降下来之后，张先生的玩具店的竞争力大大提升，实体店的销售额不断攀升，网店更是浏览量剧增，成交量几乎翻了两番。由于他的销售量进一步扩大，进货量也得到进一步扩大，自然从厂家得到了进一步的优惠，逐渐形成了良性循环。

2. 网络卖家组团从厂家进货

事实上，即使是小厂家在通常情况下也是不愿意与个人卖家打交道的。要解决这一问题，卖家可以联系其他经营同类商品的商家，组团去厂家进货，这样一来进货量就上来了。而且人多力量大，大家组织在一起也可以更好地与厂家谈判，既能够享受到较低的进货价格，也不至于占用大量资金。

不过采取这种方式需要具备这样一个前提条件：那些与你一起“团购”的网络卖家，不会成为你的恶性竞争对手。当然，你若无法保证避免这一问题，也可以与传统的实体店联手去厂家进货。

3. 制订年度进货预算

如果你的网店每个月流水不太多，又不想去找批发市场，而且又没有什么人脉优势一起联合进货的话，那你还可以选择制订年度进货预算的办法，从厂家进货。

这个方法要求卖家首先要为自己的网店做一个年度进货计划。这个计划不一定要有非常固定的进货商品型号，但一定要有你这一年的进货预算总额，然后把这个预算计划拿给你中意的厂家去看。

这种预算的好处就是可以杀价。因为你每个月去进货，进货量就会相对显得很少，可在进货量不变的情况下，你把一年的进货预算拿给生产商看，就会显得多很多。网络卖家华东就是用这种方法从厂家得到了进货权。

华东中学毕业后，知道自己竞争力不强，也就没有去找工作，而是在家人的支援下，在中关村租了一个柜台，做起了电子产品销售。

由于华东租的柜台很小，每次进货量也很小，在销售上自然也没有什么优势，不久柜台的经营就难以为继了。但天无绝人之路，有一天他的小店里来了两个年轻人，想要买一台 MP3，可当华东报出价格来之后，那两个年轻人不约而同地说了一句："还没网上的价格低呢！"

说者无心，听者有意。华东早就听说过网上能够开店，可从来都没有想过要去尝试，看着越来越惨淡的生意，他决定转移阵地，去开一个网店。说干就干，没几天他的网店就开张了。可是，由于资金紧张他不可能大量进货，基本上都是在中关村的批发商处进货，但中关村的商品不知道已经被倒过多少次手，价格已经没有什么优势。

时间久了，华东就想：能不能直接从厂家进货呢？那样价格就能低很多，商品就更具有竞争力了。于是他找到自己正在经销的小品牌的生产商，说明来意。可由于生产商已经有了很稳定的批发商，所以根本就没把他放在眼里，当然也就不会答应直接放货给他。有的生产商虽然同意给他放货，可价格也并不具有优势。

华东没有就此放弃，他辗转反侧了几个不眠夜之后，终于想出了一个办法——做一份年度进货计划。这样，他拿着这份年度进货计划又来到生产厂家。没想到，这一招还真灵，每年十几万元的进货额，终于打动了生产厂家。虽然每月进货额度没有变化，可聪明的华东巧妙运用了最简单的加法法则，解决了让很多人头疼的问题。

从厂家进货价格虽然便宜，但要求卖家要有足够的资金储备，最好还要有分销渠道，并随时做好承担压货风险的准备。如果你觉得自己风险承担能力较差，那么还是去批发市场吧，虽然利润空间小了点，但却降低了经营风险。

三、从 B2B 电子商务批发网站进货

目前，市场上不仅存在着天猫、京东、拍拍、卓越这样一些 B2C（商

家对个人）网站，也有不少 B2B（商家对商家）批发网站，这种新型的网络批发平台已经充分展示了其优越性。对于那些不愿前往批发市场，甚至千里迢迢前往外地批发市场的网络卖家来说，B2B 电子商务网站也是一个很不错的进货渠道。国内比较知名的 B2B 电子商务批发网站有阿里巴巴、慧聪网（http://www.hc360.com/）、中国制造网（http://cn.made-in-china.com/）、买卖网（http://www.com.cn/）、万国商业网（http://www.busytrade.com/）、环球资源网（http://www.globalsources.com/）等。

1. 网络进货具有明显的优势

网上批发是近几年开始兴起的新事物，发展还不成熟，但网络进货相比传统渠道进货的优势已经很明显。

（1）成本优势

网络进货可以省去前往批发市场的时间成本、交通成本、住宿费、物流费用等，而且从网上进货在价格上也有很大优势，目前已经有很多供应商加入了小额批发业务，与 B2B 网站联合搞活动，批发价格也很有吸引力。现在，很多网上批发基本上都是 10 件起批，有的甚至是 1 件起批，这样在一定程度上增大了新手卖家的选择余地。

（2）进货更加游刃有余

亲自去批发市场选购，由于时间所限，不可能长时间慢慢挑选，有些商品也许并未相中但迫于进货压力不得不赶快选购。而在网上进货，则可以随时、仔细地进行挑选。

（3）交易越来越安全

有很多人担心从网上进货会上当受骗，但支付宝、诚信通、财付通等第三方支付工具的出现，大大降低了网上交易的风险。网络进货能减少库存压力，还具有批发价格透明、款式更新快等优点。比如，阿里巴巴网站推出“诚信通”已经有多年时间，一般来说，如果对方也是诚信通会员，而且是两年或是三年以上的，诚信通指数达到近百或是上百的都是值得信赖的。不过，这也只能作为一个参考，具体还是要看双方的沟通情况。生意宝有很强大的搜索功能，可以让你在进货时最大限度地货比千家。所以，在与商家商谈时尽量使用贸易通和生意通，如果以后有什么纠纷，也好作为证据之用。

2. 网络进货注意事项

通过网络进货，不同于其他进货方式，可以当面交易，因此存在一定的风险。为了避免上当受骗，对以下几个要点一定要予以充分留意。

（1）轻松识别骗子网站

目前网络上有大量的各类商品批发网站，为卖家进货提供了很大的便利。但与此同时，很多卖家开始反映遇到一些骗人的网站，以下是一些识别骗子网站的方法。

首先，不少骗子网站的设计制作都是非常粗糙的，甚至只有几个很简单的页面，网站的图标也非常粗糙；而正规注册公司的网站都会非常在意网站的形象，同时对网站的技术要求也都会比较高，网站的图片、形象等都很规范、清晰，视觉效果非常好。

其次，一般的骗子网站是不会留下详细的联系方式的，或者只留下一个手机号码，至于具体的公司地址更是模糊不详；而正规的注册公司网站联系信息一般都会非常详尽。

最后，一般的骗子网站是没有营业执照的，因此，为了核实对方的身份，可以要求他们出示营业执照等证明。不过需要注意的是，一些比较高明的骗子网站也会用图片处理软件伪造一份营业执照，这就需要新手卖家在观察营业执照的时候仔细辨认，查看是否有涂改痕迹；而正规的注册公司网站则会主动出示他们的营业执照。

（2）仔细查看货品情况

首先，要关注网站的货品更新速度。如果一个网站的货品更新速度比较快，至少能够说明他们的产品在市场上受欢迎的程度还是不错的。

其次，要查看货品图片是否是真人实物拍摄。目前网络上有很多服装都是一些时尚杂志上的款式图仿单，导致出现了很多问题，比如实物与相片不符合、实物质量太差等，造成很多不必要的损失；而真人实物拍摄则强调了衣服的质感、真实性以及品质，是网络销售的绝佳选择。因此，在同等货源里面，最好选择那些有产品实拍图的商家，这样至少可以直观地看到产品质量，同时多关注退换制度、物流等细节，然后先小量进一点确定质量的好坏，再决定要不要追加商品。

（3）注意网站是否支持上门看货

如果对方不能支持上门看货，可能就存在问题了。当然有些公司由于代理数量比较多，可能会对上门看货提出一定的要求。比如，有的公司会要求必须一次性批发 100 件并预交定金之后才支持上门看货，一来是为了最大限度地优化客服工作程序，二来是保证对每一位经销商的正常服务，这样的要求也是可以理解的。所以在是否支持上门看货这一点上，还需要大家更加仔细地辨别、分析，不能一刀切。

（4）网站的发货速度如何

有些网站的发货速度非常慢，可能下了订单之后两三天甚至更长时间之后才发货，严重影响了卖家的生意与信誉，造成了客户的流失。所以在选择批发网站的时候，一定要看网站对发货速度的承诺。另外，还要看网站是否支持退换货。有些网站以次充好或者在产品发生质量问题的时候以各种理由搪塞并拒绝退换货，这一点也需要特别加以注意。

四、外贸尾单货或 OEM 产品

1. 外贸尾单货、OEM 产品概述

（1）外贸尾单货

所谓外贸尾单货，也就是正式外贸订单的多余货品。外商在国内工厂下订单时，一般工厂都会按订单总量比例的 5% ~10% 多生产一些，这样

做的目的是为了在实际生产过程中出现次品的话（外商检验往往非常严格，不容有一点瑕疵），就可以拿多生产的数量来应急补上，而这些多出来的货品就是人们通常所说的外贸尾单货。

外贸尾单货主要是因为在生产过程中出现了一些小瑕疵，从而无法通过国外订货商严格的检验，被退回来的。而生产商对这些产品一向不太在意，卖多卖少都无所谓，只要能收回成本就可以了，所以价格会很低。但这些商品从品质上来看，往往都没有什么大问题，只是有些小瑕疵，而且有很多本身没有任何质量问题，只是尺码和颜色不全，通常并不会影响使用，与合格产品也没有太大的区别，价格倒是便宜了很多。因此对于想淘便宜货的卖家来说，这类商品是不错的选择。

外贸产品在网上的销售是非常不错的，如果你有不错的渠道，或者自己就在外贸厂工作，就可以直接从外贸厂商那里进货。

（2）OEM 产品

OEM 是英文 Original Equipment Manufacturer 的缩写。按照字面意思，也就是指一家生产商按照另一家生产商的要求和委托，为其生产产品或产品配件，亦称为定牌生产或授权贴牌生产。这种生产方式在国内称之为协作生产、来料加工或是加工贸易。简言之，就是我们俗称的贴牌商品。

这些为知名品牌贴牌的产品，一般质量都非常不错，价格也十分低廉，通常只是正常价格的 2 ~ 4 折，与外贸尾单货不同的是，这类产品的做工品质有绝对保证。

美中不足的是，OEM 尾货往往数量不少，而厂家一般要求进货者全部吃进，所以对于有经济实力和销量保证的网店经营者，这是一个不错的进货渠道。

2. 外贸尾单货的类别

市场上真正的外贸尾单货并不多，而且也非常走俏，一般的网络卖家很难找到正宗的进货渠道。而且，由于外贸尾单商品很好卖，所以就出现了很多专门生产“外贸尾单货”的厂家，都说自己是尾单。众所周知，尾单数量不会很多，其中大部分都是假的。

一般说来，大量充斥市场的所谓外贸尾单货通常可以分为原单货、跟单货、追单货和仿单货。

（1）原单货

原单货也就是真正意义上的外贸尾单货。这些商品所用的面料、版型全都是由国外大品牌商所提供，然后由国内的厂家生产出来的。这些商品如果质量没有问题，就会成为各品牌专卖店里的昂贵“真品”。但是，由于种种细微的质量问题（通常不会影响正常使用），总有一小部分被品牌商拒收、退回，于是就出现了所谓的外贸尾单。这类产品往往品质不低，数量很少，由于存有瑕疵，所以价格都非常低廉。

还有一部分所谓的外贸尾单，是生产厂商故意多生产出来的品质上没有任何问题的商品。因为外商在给加工商供给原料的时候，总是会考虑到损耗，因此，原料就总是会多提供一些，但一般不会超过 3% 。生产厂商就利用这些多出来的少量原料，偷偷加工成成品，然后偷偷卖掉。如果网店经营者能够攀上这种进货渠道的话，将会在日后的经营中占据十分有利的地位。

（2）跟单货

跟单货是指使用“原版”产品的主料，配合使用自己准备的辅料，然后按照原版的版型凑出来的产品。

这类产品通常做工较粗糙，质量明显不如原单货，但由于主料和版型有足够的品质保证，所以跟单货在细节上虽然不能与原版货相媲美，但这类产品在总体质量和效果上都不会太差。所以，这类商品也是可以考虑的。

（3）追单货

在厂家把货都发给品牌商之后，手里除了拥有原版版型之外，既没有了剩余产品，又没有了剩余原料。但这时候，厂家却会遇到很多经销商前来寻找尾货。市场上有需求，厂家当然会设法去满足，于是生产商就在国内采购一批相似的原料。利用原版版型生产一批类似的产品，发给追尾货的经销商，这些就是追单货。

这类产品往往原料较差、版型不错、做工一般。由于产品的原料成本和设计成本都很低，所以价格也非常低。

如果网店店主不是特别挑剔，在销售上以中低价位为主，那么这类产品可以获得不错的短期效果。但由于用料较次，这类产品毕竟存在质量隐患，因此，是否销售还需要各卖家根据自己的情况去斟酌。

（4）仿单货

仿单货是真正的外贸尾单假冒货，也是质量最差的一类，它与外贸尾单货可以说扯不上任何关系。可仿单货偏偏是市面上最常见、最泛滥的一种。

仿单货往往是由那些众多不知名的小厂所生产。由于市场上外贸尾单货大受追捧，批发商和零售商常常手持货款却进不到货。一些小厂看着眼红，于是就投机取巧——仿造尾单。在巨大利润的刺激之下，就出现了大批仿制商家。

这类产品在用料、版型、做工上都很不讲究，所以，网店经营者一定要远离此类假冒商品。

3. 正版外贸尾单货的鉴别窍门

如何辨别真假外贸尾单货？面对鱼龙混杂的外贸货市场，应该如何判断其真假呢？下面介绍几点经验供大家参考。

①对比价格。大多数外贸企业不擅长内贸，一旦产生了尾单货，一般都会选择低价脱手。

②对比质量。真正的外贸尾单货的质量和正品一样，这需要有丰富的经验才能辨别，也可与正品货相对比。另外，有些尾单货会存在一些不是很明显的质量问题，不过瑕疵并不明显，一般很难看出来。

③对比包装。真正的外贸尾单货的外包装都是比较简单的，那些包装精美、所有配件都全的商品就值得怀疑了。

④对比商标。一般尾单货的商标都是最后才贴上去的，有的甚至没有，这并不代表它的质量不好，反而说明了是真货。事实上，那些知名品牌从厂家生产的产品中挑剩下的尾单货，是不可能有商标的。

⑤对比水洗标。正版外贸尾单商品上通常都有英文的水洗标，如果没有水洗标，一般都是假货。以服装为例，正版服装的水洗标应该是在衣服的夹缝中，仿版的服装通常是缝好衣服后，在夹缝外面缝的水洗标。当然，如果标签上的文字是中文，那就可以断定为假货。

⑥比较尺码。外贸尾单产品特别是服装类的尾单货，通常会出现断码现象，而号码齐全则几乎是不可能的。

除此之外，进货商还可以从商品的辅料上看出破绽。很多时候，真假外贸尾单货很难在面料上明显区分，这时检查辅料就是很好的鉴别方法。真正的外贸尾单货所用的辅料几乎都印有原厂的品牌 LOGO，其中包括拉链头、纽扣、口袋内衬等。

条纹图案或者大花图案的面料，是最能考察做工水平的。做工精细的服装，无论肩膀、袖口还是腰身接缝处的条纹走向和对接，都会严丝合缝，没有任何偏差；大花图案的面料则要求服装上都是完整的花朵，不会出现对接不整齐的情况。

五、库存积压的品牌商品

价格低廉的品牌商品一直是网上的热销商品之一，但如果选择正常的进货渠道，由于网店进货量较小，很难将价格降下来。不过，网店经营者可以试着去寻找那些积压的库存品牌商品，由于品牌厂家对这类产品都会急于出手，因此价格会比较低。

1. 库存积压品牌商品优缺点分析

任何进货渠道都有其两面性，库存积压的品牌商品也不例外，同样有其优缺点。

（1）优点

第一，价格较低。由于工厂处理库存货几乎都是急于处理，价格方面自然会有很大的优惠，但这也取决于个人的谈判能力，谈判能力强的卖家自然可为自己省下不少钱。

第二，种类较多。任何一家工厂为了应对日新月异的市场需求，都会定期推出一些新产品，淘汰一些旧产品，而且旧产品淘汰会非常迅速，很多商品甚至来不及销售就退出正常渠道了。这样日积月累，企业库存的商品品种必然越积越多。

（2）缺点

第一，型号、款式过时。这可以说是库存品牌商品最大的一个缺陷，但这也不是绝对的，还需要卖家自己去鉴别，况且有时候很多顾客也乐意挑选一些过时的品牌商品，毕竟其价格很有吸引力。

第二，厂家的库存量一般都会比较大，而且他们为了省事也往往会要求商家一次性购清，这对于普通个人网店卖家来说，在资金上有一定的压力。

2. 选择库存积压品牌商品的注意事项

在寻找库存积压品牌商品的过程中，也要充分注意那些积压商品是否适合自己的网店销售，这就需要卖家去分析自己网店目标顾客的消费品位与消费需求，看他们是重实用还是重感观，重内涵还是重外形，重本土品牌还是重国外品牌等。这些问题都弄清之后，再去进货也不迟，否则很可能在进了一批库存积压货物之后，却发现根本没有销路，进而变成了自己的库存，让库存压力从厂家转移到自己的身上。

六、清仓处理商品

清仓处理商品，也是厂家或商家急于出手的商品，在价格上也很有吸引力。新手卖家如果能找到这种货源，以极低的价格拿下，然后放到网上出售的话，通常可以充分利用地域差异和时间差异获得丰厚的利润。

王小姐在北京经营着一家实体店，主营服装批发。每年到了旺季生意自然不错，可一到换季的时候，为了保证资金流通，就只能设法将没有批出去的过季衣服低价甩卖，有时明明进价很高的服装，也只能赔本出手。

为此，王小姐非常苦恼，后来她想出了一个好办法，那就是开一家网店，通过网络面向全国销售。由于我国地域广阔，气候条件相差很大，当北方寒风凛冽的时候，南方有些地区却是风和日丽，所以在网上销售服装，永远都不会有过季的烦恼。

主意拿定之后，她决定在网上也以批发为主，零售为辅。然后在网店里开辟春装、夏装、秋装和冬装四个版块，全年都有齐全的商品。

这样一来，不论客户是在黑龙江还是在海南，一年四季都可以在他们的网店上找到自己城市的应季服装。后来，王小姐又做出了一个大胆的决定：当周围的实体店有超值甩货的时候，就大举买进，随后低价在网上销售。

后来的事实证明了王小姐当初决策的英明，因为当实体店大量处理积压货的时候，价格一般都会低于当初的进货价。她捡到了这样的大便宜之后，就从网上把这些服装卖到应季的地区去，这样一来二去，获得的利润非常可观。

而且由于网店的服装品种全、款式多、品质好，批发价还总是比其他网店便宜很多，因此，很快就吸引了大量稳定顾客群，生意越做越红火。

有时候，网上的销售量竟然超过了实体店的销售量。

就这样，在别的经销商眼中已经过时、过季的积压服装，在这些有心人的手中又重新放出异彩。所以说，没有卖不出去的商品，只有不会做生意的卖家。

1. 清仓商品的形式

（1）换季商品

由于很多商品都具有季节性、时令性，因此，每到换季时间，各商家都会各展身手，进行名目繁多、形式多样的优惠清仓活动。此时，你一定要擦亮眼睛，因为很多商家所谓的清仓价格并非真正的底线价格，往往还有回旋的余地。

在选购换季商品时，对于那些特殊的商品要注意有效期或保质期是否有问题，同时要仔细检查商品是否有质量问题。

（2）节后清仓品

在我国，有着五花八门的节日，如元旦、春节、妇女节、劳动节、端午节、儿童节、中秋节、教师节、国庆节、重阳节等，伴随着节日的往往是一个个销售与购物的高峰。

而商家当然不会放过这些节假日蕴藏的巨大商机。于是，在节前购进大量应节的商品，准备在节假日大赚特赚。但到了节后，手头上可能还有部分未及时售出的商品，于是就出现了节后清货的活动。

这些传统店铺的节后清货商品，可以说是网店的一个重要货源，但在选择时一定要注意商品是否还有生命力，因为那些应节的商品，必然是有其生命周期的，有的商品在节日一过，就很少有人再去购买了，如端午节的粽子、中秋节的月饼等。因此，对这类商品就不要购进了。

另外，还有一部分应节商品则可以等待下一年的同一时段再行销售，这类商品如果当季销售不掉，为了避免资金占用及库存成本，卖家一般是会处理掉的。相对而言，网店的固定成本非常低廉，可以趁机购入，做一些实体店不敢尝试的压货生意。

（3）拆迁、转让清仓品

拆迁、转让清仓品对于网络卖家来说也是一个很好的货源渠道，但在具体操作时要注意是否有陷阱，通常，应注意以下几个方面。

首先，要弄清楚商家所谓的拆迁、转让消息是否可靠。如果只是商家的一种促销手段，那最好不要进货，否则，如果你进来的货物价格过高，在网上也就没有竞争优势了。我们经常可以看到一些不良商家甚至将“拆迁挥泪大甩卖”之类的招牌长期悬挂在店门口，对这些商家一定要警惕。

其次，要细心谨慎地挑选，不能因为是处理货而放松警惕，以免购进一些残次品而后悔莫及。

最后，由于拆迁、转让清仓都是一些偶然事件，可遇不可求，因此，网络卖家不可将这种形式作为自己的主要进货渠道。

2. 选择清仓商品的注意事项

在选择清仓商品时，除了注意价格是否真正低廉之外，还应注意商品筛选，对一些特殊的商品最好不要大量购进。比如，数码产品之类的高科技产品，由于更新淘汰较快，再加上需要占用大量资金，因此不要大量购进；对于食品之类保质期较短的商品也不要由于价格便宜而大量吃进；对于一些常见的日用品，由于传统销售渠道众多，网上销售的优势并不明显，建议也不要大量进货。

七、具有民族特色的工艺品

民族特色工艺品也是网店卖家组织货源的一个良好选择。民族特色工艺品与其他工业化产品相比，有着自己独特的优势，奇特、淳朴、个性化。具有地域特色、民族内涵、文化底蕴等，这些特性与优势使其在一些大众商品中显得尤其突出。而且，民族特色工艺品也有很大的市场需求，不少人对这种产品都有着潜在的购买欲望。

第一，收藏之用。人们在外出旅游时，除了会在景点拍照留念之外，通常一般还会购买当地的民族特色工艺品作为收藏品或赠品。

第二，居家装饰之用。现在的人们不太喜欢冷冰冰的金属材料、没有质感的塑料制品，而是更喜欢具有民族内涵和文化底蕴的民族特色工艺品。如在书房、卧室、客厅的墙壁挂上具有民族特色的挂毯，或张贴具有民族风情的装饰画，已经成为家居装饰的新时尚。

第三，作为贴身饰品。具有民族特色的钥匙圈、手机挂件、胸颈饰物、衣饰、手饰、脚饰、头饰等饰品，如今也成为人们的最爱。

如果网络卖家对这类产品感兴趣，可以去浏览一下民饰阁（www. msg56. com），这是国内大型的特色民族时尚饰品、工艺品批发网站。优势产品主要有手链手镯、耳环项链、布包皮包、提件挂件、扎染蜡染、东巴手工、服饰头饰等，或许那里会带给你意外的惊喜。

八、轻轻松松做网络代理

如果卖家不愿投入过多的精力，或者不想承担风险，只想练练手、积累积累经验的话，那么就可以选择做其他店铺的网络代理。

做其他店铺的网络代理，卖家的进货渠道也就等于是建立在别人现成的渠道之上，这样做最大的优势在于省去了选货、进货、发货等烦琐的环节。除了在最初上传商品信息时麻烦一下，也就是要将代理的商品全部移植到你的店铺中，剩下的工作就是与买家和代理店铺做好及时沟通。做网络代理还可同时代理多家店铺的商品。不过有一点是确定无疑的，那就是采取这种网络代理的方式，自己的利润空间将会被大大压缩。

1. 网络代理适合什么人

①对于那些空闲时间较多的上班族，由于大部分时间要待在办公室，无法抽出时间去专职做网店，也没有时间及时发货，因此可以选择网络代

理的方式来开店。

②偏远地区、大城市郊区、距离邮局相当远而快递公司又不肯派件的地方，那些地区的网络销售、物流运输是个大问题，而通过网络代理则可以顺利解决这一问题。

③小本经营不打算购买开店系列设备（相机、摄影棚、摄影灯等）的卖家。

2. 网络代理的注意事项

①即使是做代理，也不要让顾客知道你是代销商，要自信而坦然地面对顾客。

②销售过程中，要时刻保持与上家的沟通，先询问是否有货，做到心里有数再销售，以免影响信誉。

③在商品图片上加上自己的店标，不要用自己的店铺图片给上家做广告，在商品说明中使用自己的口吻，时刻注意树立自己的店铺形象，要让顾客记住你。

④在顾客询问商品发出状况时，不要询问上家，这个是你自己的工作任务。因为上家发货后会填写支付宝信息，也会给你快递公司的查单地址，自己去查比询问要快得多。

⑤注意所在城市填写，如果只做一个商家的代理商，索性就把自己店铺所在地修改成为上家发货的城市。

⑥与上家交易不要用开店的那个账号，因为如果用同一个账号买和卖，买家会从购买记录里面直接找到上家，会造成顾客群的流失及顾客的不信任。要解决这一问题，可以另外注册一个专门用来跟上家交易的账号。

付出与产出永远是成正比的。对于那些立志在网上开店的卖家，开始可以将网络代理作为一个熟悉与过渡的阶段，但在上路后，就尽量不要再采取这种形式了。

九、寻找独特的供货渠道

现代社会，人们都在追求个性消费，如果你有特殊的渠道及人脉优势能帮自己找到一些个性化产品货源的话，那就应该充分利用这种优势，去寻找别人找不到的特色产品。

我们知道，每个城市都有自己的特色产品，更不用说是国家了。例如有些发达国家，电子产品价格非常低，如美国、日本等；还有些国家，盛产极富民族特色的工艺品，价格非常有优势，如印度、阿富汗等。

所以，假如你有熟识的朋友或亲戚在国外的话，你完全可以让他们帮忙寄一些回来，或者在他们回国的时候，顺便帮你带一些回来。因为如果这样巧妙地利用地域差价，把这些异地产品转手在网上卖掉，就可能赚取丰厚的利润。

假如你在中国香港或是其他国家有亲戚朋友，也可以请他们帮忙，购进一些国内市场上不常见的商品或是高档消费品。比如，你可以托朋友或者亲戚，从中国香港购进一些化妆品、品牌箱包、珠宝首饰之类的商品，也可以托人从德国进一些手表之类的小件商品，从法国带回一些香水、化妆品之类的东西，还可以托人从印度进一些香料、工艺品之类的东西。

假如你因为工作原因，可以经常出国，那你就可以亲自出去进货，这样就可以充分发挥自己的优势，创建自己独具特色的异域风情网店。

总之，上述独特的进货渠道，往往能够给你带来意想不到的竞争优势，也会让你找到一片网上的“蓝海市场”，并从中攫取丰厚的利润。

惠妍曾就读于北京一所名牌大学，班里有来自世界各地的留学生，大家相处得非常融洽。毕业之后大家各奔东西。惠妍跟同学们始终保持着良好的关系，大家经常在网上聊天，逢年过节还会彼此互赠纪念品。

惠妍每年都能收到几十个风格各异、来自不同国家的纪念品，自己也会同时寄出很多颇具中国特色的纪念品。这些互赠礼品的行为一开始并没有引起惠妍的注意，直到有一天，她的一个意大利的朋友对她说："惠，你能不能帮我寄些中国特色的贺卡过来，我打算在意大利开一个中国特色的小店。"惠妍爽快地说："可以啊。"于是她就定期寄些中国特色的工艺品给那个意大利同学，时间久了，那个同学就对她说："你也在中国开个意大利特色的小店吧，这样我们都有钱赚，我可以给你寄我们国家的工艺品和时尚用品。"

一开始惠妍并不想做，后来经不起同学三番两次的劝说，她决定开个网上小店。很快小店就开业了，在意大利同学的帮助下，小店进了很多民俗的工艺品，虽然价格很高，但由于商品在中国是独一份，因此，生意做得相当不错。

后来，尝到了甜头的惠妍又发动其他国家的同学给她收集艺术品，结果，惠妍的销售额节节攀升。还不到一年，她的月销售收入就做到了20000元以上，纯利润接近50%。

第三节 必须要学会商品管理

通过各种渠道将商品拿到手之后，还需要网店经营者具备过硬的商品管理技巧，即要对商品进行恰当的包装与合理的定位，只有这样，才能有助于一笔笔交易的达成，才能早日实现货款的回笼。

一、商品介绍文字的编写

在网店销售商品不同于实体店，不可能由营业员去亲自为顾客介绍商品，因此，顾客要想了解商品的详细情况，除了看图片以外，就只有查看商品文字介绍了。可以说，商品文字介绍也就相当于销售人员的推销。

大家都知道，同样一个实体店，销售人员不同，店内的营业额可能相差很大。同样的道理，一样的商品放在网店里，配上不同的文字，其销售额也会相差很大，甚至是成倍的差距。由此可见，商品文字介绍的重要性。

1. 商品标题的构成要素

商品标题主要有两个作用：一是能够让顾客对商品是什么一目了然；二是能够抓住商品的亮点，以最简短扼要的语言呈现在顾客面前，达到一种广而告知的效果。

（1）商品名称

商品名称是商品标题中最基本的要素，也是必不可少的关键词。许多买家在网上购物往往不是根据商品分类来进行详细浏览，而是直接用搜索功能输入想要查找的商品名，在搜索结果中浏览并挑选。因此，只有商品标题中包含了正确的关键词，商品才会出现在搜索结果中，才有被选购的机会。

（2）规格

生产厂家为了满足各种顾客的不同需求，同一产品都会有各种规格。如服装有不同尺寸，电器有不同的功率。尽管商家在描述时会有专门标注的地方，但卖家在商品标题中注明则会使网店看起来更专业。

（3）所属品牌

如果你销售的商品是品牌产品，则可以将它作为关键词之一直接显示在标题中，因为有许多买家都是冲着品牌来的，所以要在商品标题中明确注明。

（4）材质

不一定所有商品都需要注明材质。但对于有的商品来说，材质却是卖点之一，如服装是纯棉的、家具是原木的。此外，注明材质还可以方便买家选购，不论是纯皮背包还是帆布背包，都有各自的客户群。不同的买家可以根据商品的不同材质，迅速找到自己所需要的宝贝。

（5）用途

许多商品的外包装上都会直接注明其用途。例如，运动鞋会分为篮球鞋、足球鞋、网球鞋等；护肤的精华乳液会有柔润、保湿、祛痘等功能。注明用途，买家可以明白购物，也省去了卖家过多解释的时间。

（6）辅助说明

辅助说明是用几个字将商品与众不同之处告诉买家，例如，是否附有赠品、有何特殊功能等。

2. 商品标题的编写技巧

现在，网上的各类信息浩如烟海，只有独特的字眼才能抓住顾客的眼球。具体到商品标题的编写上，可以参照以下技巧。

（1）透露出价格优惠信号

价格是最能刺激顾客做出购买决定的因素。所以，如果你的网店中出售的商品具有一定的价格优势，则可以将之反映在标题上，如可将“特价”“特惠”“清仓”“包快递”“买一送一”等字眼放在标题中。

（2）明确目标受众

如“90后非主流美女必备”，则指定了目标顾客是90后女孩子，这样的表现形式就好像是在告诉浏览购物网站的90后“这就是为你准备的”。这样的标题能吸引两类人：一类是标题中指定的人，另一类是对这类人感兴趣的人。

另外，这个方法还有一个作用是可以帮助你筛选顾客，并直接将其他人群排除在外。

（3）通过比较法吸引目标顾客

例如，在淘宝化妆品分类中有这样一个标题：欧莱雅比专柜大促更低。这就是通过对比效应对顾客产生了一种吸引。采取比较描述法的关键在于，找准比较的对象。就像这个标题，和专柜大促比较，一来在人们的脑海中认为这就是便宜的，二来也比较可信。

（4）传达出成交记录等信息

有些经营良好的网络卖家，会有大量的成交记录。而这些成交记录本身就是一种可供宣传的元素，同时也是吸引并说服新顾客购买的一个最有力事实。例如，可在商品标题中注明“累计销量已突破×××件”等。

（5）使用一些引人注意的特殊符号

符号在商品标题中可以起到一种吸引顾客眼球的作用，如“●特价限量●”“★最新上市★”“☆一分利☆”等。这种符号的目的就是让标题与众不同，脱颖而出。

3. 商品内容描述技巧

有的卖家知道商品的文字介绍很重要，就想尽办法将其美化，最终写出的介绍文字尽管辞藻华丽，但却没能将商品的基本属性描述清楚，看过这种文字介绍的顾客如同云里雾里，摸不着头脑，也不会产生购买欲望。

比较好的商品介绍应该是简洁、真实、文字优美、让顾客一目了然却又不肯离去。

下面我们就以猪年时网上热卖的一款名为“金三顺可爱小猪”的毛绒玩具为例，看一下什么样的介绍语言更能留住顾客。

品名：金三顺可爱小猪

尺寸：高60cm，宽44cm，厚30cm

外部材质：超柔毛绒

内部填充物：PP棉

颜色：粉色、白色

符合GB 6675—2003，手感好，造型可爱。

本产品中的内容物请勿入口，以免不慎吞食，并远离火源；适合三岁以上儿童及成人；布料类可以水洗；请及时将包装袋收好，避免幼儿玩耍而引起窒息。

推荐语：“大家好，我是可爱小猪，你们看，我的衣服多漂亮，还很柔软呢，我最喜欢自己脖子上的丝带了，因为他们说我这样好漂亮，还有头上的蝴蝶结做工精致。在你寂寞的时候，我是你的伙伴；在你休息的时候，我可以悄悄陪伴你；在你高兴的时候，我愿意跟你一起分享；有什么烦心事可以告诉我，我来帮你分担……”

“金三顺姐姐就很喜欢我呢，你们看，这是我们的合影（下面附着金三顺怀抱可爱小猪的剧照）。你喜欢我吗？不要走开，抱抱我，你一定会爱上我的。”

“今年是我们小猪的本命年，你还可以把我送给你的亲朋好友，我一定能够博得大家的喜爱，不会为你丢脸的！”

看到这样形象的商品介绍，你忍心离开吗？而且这只小猪又是那么善解人意，相信原本只想随便看看的你，一定会毫不犹豫地下订单，将小猪据为己有。

因此，对于店主来说，首先要把商品的基本信息说清楚，然后再附上本店商品优势所在，当然语言越容易让人有亲近感越好。千万不要用晦涩难懂的语言，否则容易让买家一头雾水而没有了购买欲望。

要知道，你的商品描述是为了留住顾客，勾起顾客的购买欲望，所以，动动脑筋，借鉴一下同类店铺中成功店主的商品描述经验，一定会对你启发不小。但是，切记不可原封不动地照搬别人，以免引起不必要的麻烦。

二、商品定价

商品定价是一门学问，不是随便乱定的。现在网络经营非常火爆，网上店铺如云，同一种商品很可能会在无数个店里销售。如果你的价格定高了，就不会有人来买；可如果定低了，就有可能会赔本，即使不赔本，也会由于利润太低，到头来白忙一场。

对于顾客来说，没有什么比价格对他们来说更敏感的了，所以店主们在定价的时候，要多进行同类商品的价格比较，还要多采用一些先进的定价策略和定价方法。

1. 商品定价的基本原则

在了解商品定价原则之前，应该先了解一下计算利润的两个主要指标：毛利率和利润率。毛利率是指毛利占销售收入的百分比；而利润率是指毛利占进货成本的百分比。其计算公式如下：

毛利率 =（销售金额 - 进货金额）/销售金额 ×100%

利润率 =（销售金额 - 进货金额）/进货金额 ×100%

比如，一瓶化妆品，进价是 50 元，销售价格是 100 元，那么：

毛利率 = （100 - 50）/100 ×100% = 50%

利润率 = （100 - 50）/50 ×100% = 100%

为了确保利润，为商品定价制定一个适当的网上销售价位是十分必要的。网上开店的商品定价可以遵循以下原则：

①销售价格要保证自己的基本利润点，不要轻易降价，也不要定价太高。

②包含运费的商品价格应该低于传统市面上的价格。

③网下买不到的时尚类商品价格可以适当定得高一些，定得低了反而影响顾客对商品的印象。

④店内经营的商品可以拉开档次，有高价位的，也有低价位的。有时为了促销需要甚至可以将一两款商品按成本价出售，主要是吸引眼球，增加人气。

⑤如果自己愿意接受的价格远远低于市场售价，直接用一口价就可以了；

如果实在不确定市场定价或者想要吸引更多买家，可以采用竞价的方式。

⑥定价一定要清楚明白，定价是不是包括运费，一定要交代清楚，否则有可能引起麻烦，影响到自己的声誉。模糊的定价甚至会使有意向的客户放弃购买。

2. 商品的定价方法

商品定价方法有很多，要根据具体情况具体分析，灵活运用。

（1）低价攻略

低价永远是网络销售的王道。其实这里的低价攻略，并不是说每一件同类商品都一定要比别人家便宜很多，但一定要拿出几款比别家价格低的产品。这样一来，当顾客看到你店里某样商品价格比别人家低，就会前来购买，并且有可能同时选购几件别的商品。

这样，顾客在购买这些产品时，就可以有的商品价格高，有的商品价格低，平均下来，就有得赚了。不过这种方法不适合进行高档商品的营销，因为它会影响高档商品在顾客心中的地位。

（2）化整为零定价法

有些卖家在店里经营的是昂贵的商品，整套产品售价不菲，常常会因此吓跑很多顾客。对于这类商品，店主可以采用化整为零的办法来为这些商品定价，这样可以使价格显得便宜很多。

例如，有些名牌化妆品、护肤品价格非常高，如果整套产品一起定价的话，就会在千元以上，这会吓跑很多工薪阶层。可如果店主在定价的时候化整为零，单品的价格就可能是两三百元左右，这样的价格就会很有亲和力，在知名品牌的感召下，适中的价格一定能够让商品大卖。

有些商品包装很大，就会显得很贵，这时候，店主可以采取以大化小、拆开来卖的方针，如茶叶、促销装的日用品、礼品等。

（3）适当提高价格法

对于那些在进货途径上很有优势的卖家，由于总是能进到别人找不到的商品，而且颇受消费者的欢迎与信赖，那么就可以给它们定出比较高的价格。这样卖家不但能在短时间内获取高额利润，还可以在那些头脑中有着“一分钱一分货”观念的消费者中树立品牌价值。

不过定高价的前提是“独此一家”，否则就尽量不要使用这种方法。

(4) 一分差价法

卖家在为商品定价时，最好不要将价格定为一个整数，而是离那个整数要差一分钱、一角钱或是一元钱。例如，在给商品定价时，你的价格最好不要是100元，而应该定为99元或99.9元。

这种定价方法还可用在与别的竞争对手比价的时候。给自己商品定的价格可以永远都比竞争对手低一分、一角或者一元。

相信很多掌柜都在超市或者商场里见过这样的标价：39.9元、99元、19.9元等。其实，虽然价格上只是相差一角或是一元，但这样的价格与整数价格相比，给人的印象却是低了很多，因此能起到良好的促进销售的效果。

(5) 整数定价法

当然，如果在销售高档商品的时候，则尽量要采用整数定价法，如1万元、10万元等。

采取整数定价法能够凸显商品的品质。例如，某个国际品牌的整体橱柜定价为10万元，这样的价格能够显出买家的尊贵和品牌的实力。

对于高档消费品来说，价格高就意味着质量好，可以让顾客心里感到很踏实。正所谓“一分钱，一分货”，这些高档商品的顾客通常都是“只选贵的，不选对的”，所以高价对他们来说是一种炫耀的资本。

(6) 调整定价法

有些产品季节性很强，有时候非常抢手，有时候又无人问津，如鲜花、情人节巧克力、圣诞节礼物等。对于这种产品，卖家就要采取调整定价的方法。

每年到了情人节，玫瑰花就会非常抢手，单枝价格往往能卖到几百甚至上千元，可情人节一过，这些鲜花就会立刻遭到冷落。所以，卖家要学会根据市场需求合理调整商品价格。例如，有些礼品店，平时定价可以稍低，等到逢年过节送礼的人多了，再把价格调高。这样做不但可以让你获得更多利润，还可以促进平时淡季销售，促使那些会算计的人在平时选购礼品，等到该送礼的时候，就可以不用花高价买高价商品了。

三、促销、返券与赠品

促销活动能够刺激成交量，提高销售额；促销还能有效地挑战和击败竞争者，用种种优惠措施将顾客拉拢到自己这边来；促销还可以让更多的顾客了解自己的品牌和服务，对网店可以起到很好的宣传作用。

对于网店来说，促销活动是必不可少的。除了在各大网店积极争夺消费者的时候搞促销，还可以在销售淡季大搞促销，这样可以有效拉动淡季消费。

一般来说，网店促销主要有以下几种形式。

1. 直接降价

这种促销方式是网店经营常用的一种，但是，涉及商品的面都不是很大，而且降价幅度有限。

现在的网店竞争非常激烈，日常销售中不可能利润非常丰厚。对于利薄的网店卖家来说，采用降价促销的方法就不是很合适，因此在降价的时候，要谨慎小心，稍有不慎就会赔本。

如果卖家要采取降价促销的方式，那就要提前进行精密的计算，把各项可能出现的成本都要算进去，不然促销告示贴出去以后，再想反悔可就来不及了。

2. 返券促销

这种促销方式是现在很多卖家都喜欢使用的手段。之所以备受欢迎，是因为这种方法不但可以显得优惠幅度很大，还可以让消费者循环购买商品，大大增加网店的销售额。

例如，卖家可以实行买200送100的促销策略。首先，顾客就会在你的店里攒足劲，一气凑足200元的商品，这样就可以获得100元的返券，然后再去用返券消费。

而顾客在使用返券的过程中，不可能刚好一次花完，这就又可能获得几百元的返券，消费者就又会去购买商品。在购买商品的时候，又会补钱消费，再次获券，如此循环下去。而商家就可以在顾客不断进行的消费中赚取利润。

3. 赠品促销

网店卖家还可以使用赠品促销这个常用的促销手段。具体说来，可以拿出一些平时不太好销、成本又不高的东西作为赠品。然后，确定一个消费标准，达到这个标准就可以获得赠品，买得多送得多。

不过需要注意的是，商品的定价和赠送赠品的购买额之间要拉开距离。假如你的商品单件定价一般都是40多元，那么赠送赠品的购买最低额度可以定在50元。这样的情况下，消费者就会觉得购买一件只差那么一点才能获得赠品，不如购买两件合适，这时他就会购买两件商品。

你还可以设定阶梯式赠品，比如，可以设定消费满50元送一款小赠品，消费满100元送一款中号赠品，消费满200元可以获得大礼包。

4. 包运费

这也是网店最常运用的促销手段，如“购物满×××元”或“满×××件”后即可包运费。但前提是必须要计算好运费成本，不要赔本赚吆喝。

5. 拍卖

拍卖在网上的销售方式也称为“一口价”，即由卖家先制定好销售价格，卖家按照价格完成交易，而拍卖则是一种特殊的销售方式。

拍卖包括三部分价格：

①起始价，即卖家规定的起始拍卖价格；

②加价幅度，指卖家规定的两次拍卖间的最小加价单位；

③成交价，指最终买卖双方成功交易的价格。

拍卖的规则是第一位拍的买家从起始价开始加价起拍，第二位买家在此基础上继续加价拍，而且每次所加价格都要是加价幅度的整数倍，直至卖家规定的拍卖时间结束，最后所出价即是成交价。拍出成交价的买家将拍得该商品。

拍卖由于参与性强，价格相对较低，因此深受顾客喜欢。并且，拍卖可在短时间内聚集大量的人气，能有效提高店铺的知名度。新手卖家在开店初期，可以选用一些成本较低的商品参与拍卖。

四、应季商品要及时上架

要想网店生意好，就要会换位思考。要明白顾客真正需要的是什么，并且提早为顾客考虑周到，准备周全。只有想顾客所想、急顾客所急、心细又周到的卖家才能做好生意。

林娜就是一个成功的网店经营者，在网上经营各种礼品。如果你要问她为什么店铺经营得那么好，她肯定会说："没有什么诀窍，只要提前想到顾客需要什么，并为他们准备好花样繁多、价格优惠的商品就可以了。"

原来，林娜脑子里自有一本活账，她知道礼品必须要跟节日结合在一起。

"六一"儿童节，就要提前为小朋友们准备好礼物，比如花裙子、男式儿童套装、礼品玩具、学习用具礼盒、儿童防滑鞋之类的。

2 月 14 日情人节，林娜就会提前备好各种情侣装、情侣手表、情人节巧克力、情人节玩具、情人节鲜花、情侣戒指等各种各样的情人礼物，并且推出各种情人节服务，诸如购买鲜花可以免费送花、购买礼品可以免费帮你捎话、购买情侣产品可以免费获赠鲜花等。

如果快到母亲节了，林娜就要准备各种保健产品，例如磁疗仪、保健枕、红外保健服装、各种血压计、降糖保健品、脑白金、老年专用的电器、报警仪、高级助听器以及各种方便老年人用的电子产品等。

除此之外，每到换季的时候，林娜还要购进很多能够帮助人们顺利转换季节的产品。比如快到夏天了，林娜店里就准备了各种遮阳伞、遮阳帽、礼品空调扇、防晒礼盒、自行车防晒伞、汽车用凉坐垫，以及各种礼品装凉席、凉垫、高级牛皮拖鞋等防暑降温类商品。

冬天将至，她的店里又会准备手炉、电暖器、自动加热的电子保温杯、温暖的床上用品礼盒、电子保温垫，甚至连手机的毛绒礼品套、宠物的冬装和宠物家具都一应俱全。

细心的林娜自然不会放过利润丰厚的婚庆大市场，她会在婚庆高峰期即将到来的时候，将婚庆用品准备得一应俱全，甚至还会到国外去搜寻大量新鲜、豪华、极具创意的婚庆用品。有了这样的心思，准新人们当然能够找到林娜的店铺，并在这里疯狂采购。

能得到这样的青睐，林娜的生意自然越做越红火，已经有两名帮手的林娜又招聘了两名助手，每天帮她打包、发货，生意做得不亦乐乎。

可见，如果能根据时令把握好应季商品的上架，不仅能卖出一个好价钱，而且销量也能随着消费热点而急剧攀升，利润自然也会很丰厚。不过，有很多卖家发现，应季商品在进货的时候，价格也很高，而且很多时候还会货源不全，供货不及时。为了解决这些问题，很多卖家都会适量压货。

也就是说，每个季节都会有适量的上半年或者去年的商品存货，这样就可以在别的店还没有拿到新货的时候，自己却有应季商品可卖。

对于有些特殊商品，提前进货可以拿到非常低的折扣，例如，情人节临近的时候，巧克力等商品进货价极高，可如果提前两三个月，价格就会非常合适，但也要注意商品的保质期等问题。

对于适当压货来说，卖家要注意商品的流行趋势以及保质期等客观因素。如果考虑不周，盲目压货，不但起不到与应季商品巧妙衔接的作用，还有可能导致滞销或者赔本。

五、商品要经常更新

商品的更新速度可以让消费者感觉到店主对于网店的用心程度。可以毫不夸张地说，卖家们对于店铺新商品的更新频率有多高，则顾客光临该店的频率就会有多高，这两者是成正比的。

蒙蒙是个很用心的卖家，不到半年就已经做到了钻石级卖家，跟他开店时间差不多的朋友们都只是两星而已，于是大家就去他那儿取经。在众多朋友的追问中，蒙蒙终于把自己的经营秘诀公布于众。

原来，蒙蒙从最初开店时就打出“本店周周有新品，天天有折扣”的广告。别的店主在首次开店的时候，由于不知道商品卖得怎么样，大都不敢大量进货，而蒙蒙则反其道而行之。蒙蒙想：“我是新手，不知道顾客到底需要什么，所以进的货要花样繁多，这样才能够让每一位顾客都在我的店里找到喜欢的东西。”于是，别人的店里可能只有几十种商品，而蒙蒙的店里却有几百个款式。

再加上蒙蒙每周都去补货，所以几乎每周又有大量新品上市。蒙蒙因为进货量大、补货频繁，所以批发商都认为他是优质客户，愿意与他打交道，每次都会给他把价格放到很低。一旦供货商有新品进来，就都会在第一时间给他打电话，为此蒙蒙总能拿到最新的商品。

根据蒙蒙的统计，一般网友每周光顾网店的频率会在1～3次，按照蒙蒙的进货频率，顾客每次来店里闲逛的时候，几乎都能够发现许多新品，如果恰好看到自己满意的，就会立刻下订单、成交。

蒙蒙说："如果商品更新跟不上，顾客每次逛到你的店里都是那几样东西，最多四次之后，顾客就不会再踏进你的网店了。"

听完蒙蒙的话，他的朋友觉得汗颜，因为，他通常两个多月才去进一次货，所以几乎没有回头客。

可见，如果网店商品更新频率过低，就会在无形中流失一部分顾客。相反，如果进货频率高，商品更新速度快，则可以增加顾客光顾商店的频率，甚至通过口碑传播，越来越多的顾客就会来浏览你的网店。这样一传十、十传百，几个月下来销量就能迅速提升。

事实上，做生意本身就是在冒险。如果总怕赔本，不敢进货，那么最后生意就会越做越小，越做越冷清；反之，如果店中商品种类繁多，经常更新，总能给顾客一种耳目一新的感觉，他们就会经常来光顾，并在新品中锁定自己喜爱的宝贝。

网店成功案例

吸取经验，严把进货关

小冬现在是一家"五钻"级网店的店主，她的店里专门销售外贸尾单产品和OEM产品，经营有五年了。小冬是个时尚的女孩子，在读大学的时候，她就经常在网上购买外单服饰，她的理由是外单衣服质量好、款式新、时代感很强、方便运动。

在她的带动下，身边很多同学也开始从网上选购衣服，而且大家也都喜爱购买外贸服饰。颇有几分财商的小冬，很敏锐地注意到这是个商机，于是就想到自己开一家网店，专营外贸尾单服饰，肥水不流外人田嘛！

决心已下，说干就干。可是，资金成了拦路虎，没有钱怎么进货？无奈之中，她只好发动身边所有力量，东拼西凑，很快，一万元就到手了。

拿到钱之后，小冬并没有直奔批发市场，因为多年的消费经验告诉她，批发市场里边的东西并不便宜，而且质量还没有保证。

精明的小冬打算冒险赌一把，直接找外单厂家进货。于是她整日在网络上寻觅，功夫不负有心人，生产商还真找到了，服装款式也让她非常满意。接下来，她孤注一掷，精选样品之后，决定吃下生产商所有外单尾货。

由于小冬进货量大，所以成本降低了，利润也自然就上去了。她购进的第一批服装，由于款式新、价格低，而且当年网上销售竞争力不大，再加上同学、朋友照顾生意，没几天，这些衣服就全部销售了出去。

初战告捷，年轻的小冬不免有些飘飘然，放松警惕的她又开始在网上寻找外单生产商。几天之后，她又看好几个款式，而且她发现这个厂家比上次的厂家在价格上给出的优惠更多。小冬毫不犹豫地从网上下了订单，决定大量吃进。

一周之后，到货了，令她没有想到的是，这批服装全是仿版货，而且生产商为了赶时间，竟然粗制滥造，做工非常差。小冬非常愤怒，决定退货，然而有合同在先，她当时也没注意其中的陷阱，因此不能退货。冷静下来的小冬，做出了令所有人惊讶的决定：为了维护小店信誉，坚决不卖次品。

可是一万多元毕竟不是小数目，尤其对于生意才刚刚起步的小冬来说，简直是个毁灭性的打击。为此，她大哭了一场。从那以后，她就意识到选择生产商的重要性，特别注意对供货商进行互动沟通和筛选，后来再也没有在进货上吃过亏。

解决了货源问题，小冬的生意开始蒸蒸日上，进入了良性循环。由于她的进货量越来越大，厂家又给了她更大的优惠。后来有几家外单服装生产商跟小冬商量，希望她能够为他们代销商品，甚至答应可以先销售后结款。小冬现在正在考察这些产品的质量，如果质量过关，就可以为他们代销。代销的价格当然是很优惠的，利润自然也是很丰厚的。

不久，年纪轻轻的小冬就已经拥有了一家网店和两家实体店，每月的纯利润都接近六位数。她乐观地认为，网络销售的发展不可估量，其销售额增长绝对是最快的。而外贸尾单产品和OEM产品由于质量有保证，款式深受大家欢迎，价格又比品牌服装便宜很多，因此，市场潜力非常大。

第三章

网店想赚钱，装修必为先

网店也是一间店铺，也像实体店一样，装修好的店铺，能给顾客一种视觉享受，顾客在看商品时心情愉快，对你的成交量大有好处。店铺，也是一种形象，装修得好的店铺，会在顾客的心底留下好印象，这对于顾客的回头是有利的。同样，店铺装修得好，也可以提升你的竞争力……总之，装修好的店铺，对你是好处多多。

第一节 先给你的网店起个好名字

俗话说，名不正则言不顺，网店名字的恰当与否将会对你的生意产生重大影响。对待自己的网店，要像对待自己的孩子一样，给它起一个好听的名字是很有必要的。

一、网店命名很关键

一个好的店铺名字对网店生意有着积极的影响，它是招揽生意的一块金字招牌。一个好听的店名，不但可以让你的网店从“芸芸众店”中脱颖而出，不费吹灰之力就可以吸引更多眼球，而且能让顾客过目不忘，是引起顾客好奇心并打响网店牌子的一个关键。一个既有人缘又动听的网店名称，也是让顾客下决心购买的关键因素。

优优开了一家专卖化妆品的网店，但是，小店开张半年来，成交量似有若无，生意一直平平淡淡。优优对此感到很苦恼，因为，她的货源是通过特殊渠道进来的，在质量和品牌上没有任何问题，在价格上也很有竞争力，而且她也从来都不经营假货、次品，一直以诚信待客。她实在想不通自己的生意究竟是为何好不起来。

有时候，对比一下付出和回报，优优甚至一度产生了放弃的念头。看着很多在货源上大不如自己的同类店铺，他们的生意都做得红红火火，优优就觉得很不服气，因此也就更想弄明白其中的原因所在。

于是，优优就带着自己的疑虑在网上发帖子，请教高手，想找到问题的根源所在。后来，还真有一个网店高手一针见血地指出了她的小店的硬伤所在。

原来，优优的网店名叫“化妆品折扣店”，按说这个名字也没有太大的问题，只是有点太普通了，当优优按照这位高手的指点，到网上一搜，才发现类似的店名几乎是铺天盖地，而优优的店名由于毫无特色，自然也就被埋没了。顾客甚至连进去一看的兴趣都没有，自然也就没有更多人能发现她的商品优势和价格优势了。

既然发现了问题的源头所在，那就立即改正吧。优优请教了很多人，想了很多好听的名字，又征求了很多专业人士的意见，最后，她把店名改为“美丽加油站”。

这个充满神秘色彩并极具个性的店名，一下吸引了众多人的眼球，小店的浏览量一下就上来了，开始从众多同类店铺中脱颖而出。而优优店里的化妆品本来就有很大的价格优势和质量优势，销量自然也就上来了。

反之，如果取名不当，或店名没有特色，那将会使你的小店迅速埋没在众网店之中。不仅如此，有时一个不当的网店名字，甚至会给你带来意想不到的麻烦与损失。

2010 年，一位姓叶的先生在淘宝网上开了一家专卖数码产品的网店。后来叶先生调整了经营方向，又开始销售机电产品，而为了让顾客容易记住其网店，他曾几度更换店名，先是将店铺名称改为“伯乐机电”，后来又改为“浙江伯乐机电”。

然而让叶先生感到十分意外的是，有一天他居然收到了当地工商部门的通知，让他去接受调查。原来，当地工商部门认为，叶先生在其网店销售的产品名称前标注了“浙江伯乐机电”字样，而事实上现实中并不存在这样的企业。根据《中华人民共和国反不正当竞争法》和《浙江省反不正当竞争条例》的有关规定，这种行为已构成了不正当竞争的虚假宣传行为。因此，工商部门最终给出的处罚决定是：责令停止违法行为，消除影响，并罚款一万元。

仅仅因为店铺命名不当，就被罚款一万元，叶先生显然没有料到一个名字居然会给自己带来如此“横祸”。

当然，对于广大网店掌柜来说，也不必因此而过于担心。事实上，这只是一个特例，而且其处罚的合理与否也有待商榷，因为目前法律还没有规定网店应该如何命名。所以，对于网店命名，只要符合购物网站的规则，另外再加以适当的留心，就不会有太大的问题了。

二、网店命名的基本类别

网店名字的作用不外乎两点：识别性和传达性。所谓识别性，是指顾客可以通过店铺名称来进行区别，这种情况下，顾客记住的是店铺本身，而不是特定的店址。如果卖家更换了店址，不换店名的话，顾客基本上不会有太大的流失。而传达性，就是指店铺必须直接来表达自己的开店构想，让顾客通过店铺名称就可以一下子明白店铺经营的商品以及相关的信息。为了更好地向顾客传达这些信息，在进行店铺命名时，可以采取以下几种方式。

1. 店名要包含所售商品的信息

如“银饰界”“内蒙古奶酪第一店”“第 5 季专业男装”“衣度空间”“京城第一数码”等。这类店名的优势在于，顾客不用浏览店铺，直接通过店名就能知道你的网店在经营哪类商品，既简洁又直观，从而省去了顾客分析判断的时间。这种便捷会让顾客产生好感，给人一种开门见山的感觉。

2. 店名中蕴涵店主的姓名

如“毛毛加油站”“小荷的城堡”“叶子色彩地带”等。这类店名的特点在于，非常平易近人，就如同遇到了熟识的老朋友。而且如果店主经常用这些名字登录论坛，并且积极发言的话，也能给自己的小店带来无形的免费宣传效应。

但是，这类店名的缺点是，它往往会让顾客不知道你经营的到底是什么商品。所以，除非你的这个名字已经在某个领域内广为人知，否则就尽量不要取这种故弄玄虚的店名。

3. 店名中既包含商品信息，又有店主名字

如“贝贝耳饰盛典”“贞贞淑女装”“小陶数码”“诚诚英伦男装”等。这类店名非常不错，不仅能为店铺将来打下名声与品牌做准备，而且又不忘告诉顾客店里的主营商品，让顾客感觉到店铺的专业化，一般比较大的网店都是这样命名的。

4. 店名中不包含任何直接信息

如“上上屋”“原单中国”“591 旗舰店”“快乐购”“大河商贸”等。从这类店名中，顾客得不到任何有关商品的直接信息，因此需要卖家重点做好宣传推广，给顾客留下深刻的印象，创下自己的牌子。而且这类命名首先要独特、充满个性，能够让人过目不忘，即要有充足的魅力吸引顾客前来店铺浏览。如果做不到这一点，就不要冒险采取这种命名方式。

三、网店命名的要点

网店命名也是一门学问，马虎不得，在命名时要综合考虑以下要点。

1. 简洁通俗，朗朗上口

店名一定要简洁明了、通俗易懂且读起来要响亮畅达、朗朗上口。一个既朗朗上口又简洁通俗的名字非常容易被人们记住，如当当网，既好读，又容易记。如果店名用字生僻，读起来拗口，那么就不容易为顾客所熟记。

2. 别具一格，充满新意

网店有千千万万，可以使用一些与众不同的字眼，使自己的小店在名字上透露出一种特立独行的气质，体现出一种独特的品位和风格，并能够有效地吸引顾客的注意。因为人们通常都会被好奇心驱使，如果你的店名能够调动起顾客的好奇心，引起他们的兴趣，销售量肯定会节节攀升。

一个富有新意的店名能够让顾客眼前一亮并为之一振，会激起买者强烈的好奇心，因而会被大家牢牢记住。如“雕刻时光茶具”，这个富有个性和小资情调的店名，让那些追求品位的顾客一看到店名就会产生一种消费的冲动。

3. 用字吉祥，少用生僻字

在为网店起名时，要注意用一些符合中国人审美观的字样，店名应该让人看起来就有一种美感，我国文化博大精深，对此可以恰当地加以利用。譬如，店名里可以包含一些历史典故或是传说故事，如“贵妃醉酒”；店名里还可以包含自己的店铺文化和宗旨，如“乐购”（让顾客快乐购物）；店名里还可以包含店主美好的愿望等，如“万家灯火装饰品”等。

另外，不要剑走偏锋，不要为吸引人注意而使用一些低俗、惹人反感的名字，也尽量不要用生僻字，这样的结果只会适得其反。因为那些生僻字不容易被识别，并且很难被读出来。所以这样的店名，不仅不利于顾客记忆，也非常不利于网店口碑传播，甚至有的店名让人猛一看就觉得很厌烦，如“鹨荇篮羿”等。

4. 店名要与所经营的商品相一致

要尽量让顾客通过网店的名字就能够看出你所经营的产品，并在需要该类产品的时候第一个就想到你的小店。如“乐天韩国饰品”“丽人女装街”“金冠小也香水”等。

如果店名与商品无关，则很难引起浏览者的注意，特别是那些目的性很强的顾客的注意。店铺名称最忌讳的就是名不副实，即所起名称与所售商品毫不搭边，使得想买你东西的人找不到你的网店。而且，“走错门”的顾客会产生一种上当受骗的感觉，他们当然也会愤然离去。

第二节　网店的装饰和布局细节

纵观那些皇冠级店铺，其店面的装修、布局都有独到之处。因此，在有了好听的店名后，店主还需要注意网店装饰和布局上的一些细节问题，这样才能将自己的小店打造成一个“旺铺”，起码看上去要像一个旺铺。

一、精心设计网店的店标

有些新网络卖家可能不太清楚店标是什么，其实店标就是指一个店铺或者一个公司的标志或者徽章，也就是人们通常所说的LOGO。比如，我们都知道奔驰汽车的标志就是“三叉星”、海尔的标志则是卡通版的“海尔兄弟”，这些标志是一个企业的外在识别符号，店标对于一个网店的意义也是如此，它是网店区别于其他竞争对手的一个显著标志。一个抢眼的、独特的店标设计，将会直接影响店铺名字的效果，一个好的店标能为你的网店起到画龙点睛的作用。

当然，店标并不是必需的，但有了店标，将会使你的店铺更美观，而且也会给人一种更专业的感觉。

可以说，一个设计精美的店标可以吸引到更多的眼球，能够在很大程度上吸引更多的潜在顾客。特别是在网店开业之初，你的店铺还不具备太多优势时，顾客根本不会花太多的心思来了解你的商品和价格优势，而一个醒目的店标，就能够引起他们对你网店的兴趣。

对于那些希望在网上开创出一番事业的店主来说，一个好的店标显然是必不可少的。如果资金上没有问题，店主可以将店标的设计工作委托给专业的设计机构。当然，如果囊中羞涩，或者不想在这方面过多投资的话，其实也可以自己亲自去动手设计。不管由谁来设计店标，都要注意以下几点要求。

1. 店标的构成要素

店标可以是中文、英文字符，也可以是其他符号、图案，或者是动物、人物的轮廓与卡通造型。比如，搜狐公司图标就是由“搜狐”二字和“SOHU. COM”等字母构成的。

当然，对于一些新手来说，最简单的一种办法就是，用自己店铺名称的英文名称或拼音来做店标。在设计店标的时候，可以采用不同的字号、字体，再通过相应的变形、组合，就可以轻松制作出自己的店标了。

2. 店标设计要注意颜色的运用

店标的颜色有时也会影响顾客的消费心理，进而会让他们做出不同的消费决定。当然，每个人都会有自己特别喜欢的一种或几种颜色，因此，网店店主在进行店标设计的时候应该注意，在颜色的选用上不能只考虑个人好恶。因为你最喜欢的颜色不一定最适合你的网店，而且你的目标顾客也不一定喜欢。另外，还有的店主为了让自己的店标更显眼、醒目，总是过多地使用颜色，甚至同时使用好几种颜色来制作店标。其实这样做，只会给顾客留下混乱、低俗、缺乏品位的印象。

店主在做色彩选择时，除了要考虑网店所销售商品的性质和目标顾客的喜好外，还要重点研究各种色彩的属性。色彩心理学家认为，红色及橙色能够让人产生温暖、热烈、兴奋的感觉；深蓝色给人一种舒服及放松的感觉；而黄色代表富丽、明快；淡蓝色、紫色、绿色使人感觉凉爽、沉静；茶色、深褐色则容易令人联想到浓郁的香味。因此，店主在进行店标设计时，要注意选择那些和自己经营的商品风格相一致的颜色。通常情况下，颜色和商品的搭配情况如下：

①如果店主想要打造醒目、亮丽的店标，可以选择黑色与黄色搭配，或者黑色与红色搭配，因为这些颜色非常适合经营典雅、高贵商品的网店。如高档化妆品、经典饰品之类，可以给顾客留下亮丽之中又不失高

贵、典雅的印象。

②如果店主经营的是时代感很强的商品，如时尚的服装、饰品等，就可以选择黄色与紫色、红色与青绿色、红色与绿色、青色与橙色、黑色与白色等具有强烈时代感的搭配。

③如果店主经营的是成人用品或者内衣等情趣用品，那么粉色和橙色就非常适合。

④如果店主经营的是运动型产品，那么黄色、草绿色、橙色等活泼型颜色都是比较合适的。

⑤如果店主经营的是图书之类的产品，就应该考虑选择稳重、安静的颜色，比如栗色、墨绿、深红色等。

总之，在设计店标时，应该充分考虑到颜色的因素，所选用的颜色必须与你所经营的商品特性融为一体。

3. 店标文字与图案的搭配要点

店标通常是由字体和图案构成的，但这些字体和图案并不能只进行简单的堆积组合，而应该注意它们是否协调和搭配，否则将会显得不伦不类。

（1）店标文字运用要点

文字的作用并不只是为了方便人们的阅读。事实上，字体本身也是一种艺术品，不同的字体实际上就是不同的图片，能够传达不同的语气及含义。在店标设计中，如果能够恰当地运用字体，将会收到事半功倍之效。

（2）店标图案运用要点

对于店标中的图案设计，店主可以选用标识性图案、卡通化图案或者几何形图案等。

标识性图案是用商标、品牌或者店名等的拼音或者外文字母来设计店标，这种设计方法通常可以为店铺增添异域风采。但是，如果字母过于艺术化或过于烦琐，那就不利于顾客识别和记忆了。

卡通化图案通常是在店标中采用生动、幽默、夸张的卡通图案，为店铺增加轻松的气氛，这种设计可以让顾客在幽默、愉快的氛围之中加深对店标的印象。这种图案比较适合那些经营儿童用品、玩具礼品、时尚装饰品和休闲商品的网店。但是，由于这种风格过于轻松和随意，所以一般不要用于那些经营贵重商品或者传统商品的网店，否则会让人产生一种不伦不类甚至是“文不对题”的感觉。

几何形图案是用点、线、面、方、圆、多边形或三维空间等几何线条及图形来设计店铺的标志。这些几何图案形状多变、效果抽象、艺术感强，非常适合那些年轻人经营的个性十足、喜爱变化的时尚消费品店铺。当然，在进行整体设计时，很少有人会只使用一种方法，一般都是以一种方法为主，其他方法为辅。

（3）文字与图案的搭配技巧

首先，设计者要注意保持店标的整体效果，要做到美观、和谐，线条简单、流畅，特别要注意保持视觉的平衡感；巧妙利用反差、对比或边框等来强调主题。

其次，要注意选择大小恰当的字号与字体的和谐，并且注意整体空间的留白处理，以便给顾客留下充足的想象空间。

最后，要注意的就是我们上面刚刚说过的色彩运用，因为顾客对色彩的反应比对形状和字号的反应更为敏锐和直接，也更能激发他们的情感。

二、有必要上传店主肖像

在自己的网店中上传自己的头像照片，这是被很多卖家忽视的一个细节，而且更有不少卖家认为这是一个可有可无的环节。殊不知，有时候一个真实的店主肖像，恰恰能够赢得顾客信任并打动顾客最终做出购买的决定。

其实，大家都知道，在网店上面除了商品照片还是商品照片，基本上全都是虚拟的东西，根本没有任何实体的感觉，所以也总是让顾客感觉心里没底，更担心实际货物与照片不符，害怕上当受骗。

所以说，店主不妨站在顾客的角度设身处地去考虑。如果店主上传一张自己的真实照片作为头像，就可以有效拉近与顾客的距离，使顾客产生一种如见其人的信任感。而这种以诚示人的举动更可以促成很多交易。这其中的道理其实并不难解释，如果换成是你，有两家网店的商品和价格相同，而一家店铺里有店主的真实头像，另一家则没有，那么，相信每一个具备正常消费心理的顾客都会选择前者，而放弃后者。

当然，店主在上传自己的照片时，也要注意选择一些衣着较为整洁、形象较好、具有亲和力的照片。要知道，店主的形象同样会影响顾客的消费欲望。因为店主肖像不仅可以增加消费者的信任感，而且头像照片中店主的衣着打扮还可以让购买者对店主的审美水平、时尚感有一定的了解。

如果店主上传的照片中，本人衣着、发型都很过时，那很明显就会给顾客留下不太好的印象；而如果店主本人衣着打扮非常得体，不但可以给顾客留下美好的印象，还可以增加顾客的审美信任感，以至于爱屋及乌，也容易对你的商品放心。

同时，店主的照片还可以根据自己店铺所销售的商品风格需要来处理成各种风格。例如，如果经营的是卡通玩具，店主就可以把自己的照片用电脑软件处理成卡通风格；如果经营的是护肤品，而恰好你的皮肤又非常好，那就不妨让自己来做一下代言人，发一张超级清晰的照片来秀秀自己；如果经营的是服装，而且你身材还不错，那就不妨上传一张你精心设计的全身照片，展示一下自己的服装搭配水准。

韩冰，大学时学的是设计专业，她是一个非常时尚而且有品位的女孩子，再加上所学专业的熏陶，使她在服装搭配及色彩选择上都有一些颇为独特的见解。为了充分利用自己的优势，在大学期间，她就开始利用自己的特长开了一家网店，专卖服装。

韩冰很懂得以诚待客的道理，她在网店开通之际就用自己的真实照片制作了一个漂亮而又时髦的个人肖像，此举在赢得了很多老顾客的同时，也让更多的新顾客慕名而来。

后来，随着经验越来越丰富，韩冰又开始打起了自己的主意。在周围人的眼里，韩冰的漂亮与好身材几乎是公认的。于是韩冰就另辟蹊径，充分发挥自己的这些优势，亲自做起了服装模特。在她的小店里，有很多服装照片都是韩冰亲自上阵试穿拍照的。

那些漂亮的衣服穿在漂亮的韩冰身上本来就好看，再加上她又善于进行服装搭配及色彩选择，因此她所出售的每件衣服看上去都非常和谐、时尚、富有个性。自然而然地，很多顾客也都被她吸引过来，不只是为了欣赏她的服装，有时甚至还向她请教服装搭配中的一些问题。渐渐地韩冰与很多未曾谋面的顾客都成了好朋友，并成了他们的免费服装顾问。在这种形势下，韩冰的网店生意自然也是“芝麻开花节节高”。

三、店铺介绍要精彩

恰当的店铺介绍，是顾客了解网店的一个重要途径，店铺介绍做得越精彩就越能促进销售。当然，要想让店铺介绍看上去像模像样，在介绍时最好图文并茂，尽量避免全部采用大篇幅的枯燥文字，那样没有人能够看下去。下面就简单介绍一下店铺介绍的制作方法及技巧。

1. 用 PhotoShop 制作

这是进行店铺介绍时的一种常用方法，具体说来就是将文字和图片在 PhotoShop 中按照自己的审美观念做好设计之后，再进行合成，并将整个图片添加到 Html 编辑器中进行编辑处理。

这种制作方法相对比较简单，但其缺点是不利于以后的修改调整，因为店铺介绍经常要根据店铺中产品的增减做出相应的删减、添加等改动，而用 PhotoShop 制作出的店铺介绍，改动起来就会非常麻烦。

2. 用 FrontPage 来做

为了避免上述修改中的麻烦，各位店主可以尝试使用 FrontPage 来做店铺介绍，制作过程中也有一些小窍门可供使用，这样会更加简便。

（1）下载现成的免费模板

目前，网络上有很多可供下载使用的现成免费模板，各位店主可以根据自己的店铺特色及个人判断来选择、下载、使用，甚至于那些博客网站中的模板，也都可以免费使用。当然最好是选择下载那些模板性的文件，因为这类文件下载好之后，就可以在 FrontPage 软件中直接打开并编辑。

另外，还有很多收费的模板，其效果往往要好于那些免费模板。如果店主想得到更好的装修效果，同时又能承受模板的价格，那么这就是一个更好的选择。

（2）利用网站的 Html 编辑器和 FrontPage 软件来制作店铺介绍

利用 FrontPage 来编辑店铺介绍，步骤也很简单，只需将设计制作完工后的作品代码粘贴到 Html 编辑器中，就可以进行预览了。不过需要注意的是，有时候 Html 中的预览效果与在 FrontPage 中的预览效果不同，这就需要店主根据具体情况去进行仔细微调。

可以说，这个步骤是最浪费时间和精力的。但千万不要嫌麻烦，付出就一定会有回报，而且只有经历这个过程才能有助于你的店铺的美化。

（3）店铺介绍要充满人情味

很多店主都认为店铺介绍就是要生动详细地介绍商品的信息、服务信息等内容，因此，几乎所有店主都会把店铺介绍的重点指向这几个方面。其实，店铺介绍中的内容除了以上环节之外，其他一些看似不重要的辅助环节也不容忽视。

比如，店主可以添加很多人性化的吸引人的细节，包括互动留言、甜蜜祝福、友邻店铺、笔架服务等。这样的店铺介绍会让客户觉得充满人情味、不会很功利，也能够在无形中让店铺更兴旺，生意更红火。

而且，对于那些爱交朋友的店主来说，这些人性化的东西不但可以帮助你赚取更多的钞票，还可以收获更多友谊，丰富店主的生活和情感。因此，人情味对于你的店铺介绍来说是必不可少的。

（4）经常进行更新

网店中的商品介绍做好之后，一般就不需要经常更换了，可店铺介绍就不一样了，总是需要店主经常更新，因为这样才能让顾客感觉到店主是在积极经营这个店铺的。

其实，店铺介绍不但是一个展示商品的平台，还是一个吸引顾客的平台。很多卖家现在都很重视在销售中宣传自己，并想方设法吸引招揽回头客，而店铺介绍就是在顾客购买你的商品之前，对他们所做的一种宣传。

在顾客随意浏览众多店铺的时候，只有那些具有鲜明个性的店铺才可以抓住顾客，获得顾客的青睐。而一个经常更新的店铺介绍，能让人感受到店主的经营态度是积极而专业的，而不是消极怠工的。

当然，制作店铺介绍可用的软件还有很多种，你可以根据自己的需要和擅长自由选择。但不论使用什么工具，只有做到美轮美奂，才能吸引顾客的眼球，也才能算得上是装修到位了。

总之，现在电子商务蓬勃发展，网络店铺越来越多，竞争也越来越激烈，要想在众多的网上店铺中脱颖而出，给买家留下过目难忘的印象，个性化的店铺装修就显得极其重要。

3. 店铺介绍的其他要点

前文已经提及关于商品标题及商品名称的描述要点，除了这些内容之外，在店铺介绍中，还有一些细节性的内容是必不可少的，主要包括以下几个方面。

（1）邮寄方式、费用及查询方式

一个合格的店主应该处处为顾客着想，为了方便顾客，在交易达成后，要注意注明邮寄及快递方式，并说明邮局的资费标准、不同邮寄方式和到达的时间，以及自己常用的快递公司名称、收费标准、到达时间等。虽然这都是一些细节性的小事，但卖家如果用心去做的话，还是能给顾客留下一个良好的印象。还有一个细节需要注意，那就是千万不要在邮寄费用上欺骗买家，邮费及快递费没有多少，千万不要让顾客产生不信任感，导致因小失大。

另外，卖家在发货后，也不能不管不问，而应该将物流的查询方式，及时告知顾客，以方便他们进行实时查询。

（2）注明支付方式

在网上交易，买家可以通过邮寄、网上划拨或直接去银行打款等多种支付方式进行付费。为了安全起见，同时也为了打消顾客的顾虑，卖家一定要支持各种安全的网络支付方式，如支付宝、安付通、财付通等。当然，并不是所有的买家都会采用这些支付方式，所以卖家要考虑到各种情况，各种支付方式都应该支持，同时将使用方式详细进行说明，让顾客心知肚明。

（3）设置温馨提示

对于一些特殊商品，特别是一些容易为顾客忽略的地方，卖家就应该加一些温馨提示。比如，一些销售手机的网店，对于手机是否是行货，是欧版还是港行等情况，应该详细予以说明。因为那些没有经验的顾客往往不会去考虑这些细节，如果卖家能在这时候给出适当的提醒，则能够给顾客留下一个很好的印象。这样即使买卖不成还有仁义在，说不定下次生意就能够成交了。

（4）做出售后服务承诺

每一位成功的网络卖家，都离不开一流的售后服务，售后服务好，店铺的口碑就好，回头客和潜在顾客就会越来越多。因此，卖家在做网店介绍时，一定要将各种售后服务条款，如多长时间包退、多长时间包换、包修条件等详细界定清楚。另外也应将不予退、换、修的情况以及上述情况货物的来回运输费用等加以详细说明，这样才能避免日后出现纠纷。

当然，还有更重要的一点，那就是对于自己做出的服务承诺，一定要严格去履行。

（5）关于商品评价

顾客收到货后，应该尽量让他们写出对商品的评价，以让顾客明白他们有做出评价的权利，应该予以合理利用。另外，还应该尽量向买家传递这样的信息：一定要在写评价前和卖家进行沟通，因为有时候买家的评论也可能是不中肯的，也可能是偏激的，因此卖家也有维护自己利益和店铺形象的权利。

（6）留下详细的联系方式

在店铺介绍的相应版块，卖家应该留下自己的各种联系方式，如手机、固定电话、QQ、MSN、E-mail 等，以便顾客随时能够联系到自己。归根结底，所有这些措施都是为了自己的生意。

四、添加一些装饰性的美化工具

除了上述那些基本装修要点，还有一些细微的装修措施，若能善加利用，也能够让你的店铺看上去更人性、更丰富多彩。

1. 计数器

计数器是用来统计店铺点击率的，由于一些购物网站只提供商品点击率统计，而没有访问量统计，所以很多卖家都是通过添加计数器来统计自己店铺的点击率。现在有很多免费提供计数器的网站，因此卖家就可以去申请免费的计数器，这样不仅能为自己的小店增加更多趣味，而且也能及时统计店铺的访问量，这将有助于卖家及时掌握新品上架、特价商品及所做宣传活动的回馈效果等情况。

2. 店铺背景音乐

店铺背景音乐的添加也比较简单，只要插入音乐代码就可以了。但是，一般只放在首页的店铺公告里，如果放在产品页面，就会在客户打开多个页面的时候，产生音乐相互干扰的情况。店铺音乐也可以免费下载。不过需要注意的是，背景音乐文件越大，网店页面的打开速度就会越慢，因此，店主在挑选背景音乐时，应该挑一些较小的音乐文件，最好是选择wma格式的，一般这种音乐文件较小，但相应地音质也较差，不如mp3格式。

3. 悬挂的装饰性附件

悬挂附件主要是用来营造网店气氛的，如果能在网店中选择一些恰到好处的装饰性悬挂附件，会使网店看上去更丰富、更专业。当然，悬挂性的附件有免费的，也有收费的，各网络卖家可以根据自己的实际情况去选择。

第三节　网店装修必须注意的事项

网店装修是一项相对专业的工作，很多外行的卖家很可能并不了解其中的门道，再加上很多装修项目都是收费的。这样一来，有一些不想亲自动手同时也嫌麻烦的卖家，就将网店装修外包给专业人士来做。事实上，在这种现实的需求下，市场上也早就产生了一批专门进行网店装修的公司，甚至还有一些从事网店装修的网络店铺。这种新的市场供求关系的存在，给了卖家更多的选择。

王小姐一直在经营一家实体水晶饰品店，看着网上开店形势越来越火，她也打算在网上开个店铺。一开始，她亲自在自己的店铺上进行了简单的设计规划，但自己看着都别扭。

后来，王小姐想了想，觉得网店也应该装修得像自己的新房子那样，既温馨又精美，这是一项必需的投资，因此不能省。最后，她索性找了几家专业网店装修公司进行咨询，并找一家合适的来为自己的网店进行装修。最终，一个设计师的设计装修方案被王小姐选中，并以300元的价格成交。

网店经过专业人士的装修后，效果就是不一样，王小姐的网店跟她的实体店一样精美宜人，简约中透露着时尚，再伴以空灵悠扬的音乐，给顾客营造了一种良好的购物氛围。凡是从此经过的顾客，无不驻足浏览，并从中挑选一两件精美的水晶制品。

还有很多顾客，闲来无事就会进她的店里闲逛一番，并经常跟她闲聊几句，时间久了，大家就成了朋友。王小姐说："自从开了网店，不但结交了很多热衷于水晶饰品的朋友，还增长了很多水晶方面的知识，对自己的水晶生意帮助不小。"

由于像王小姐这样重视网店装修，并将装修外包的店主越来越多，所以网上出现了很多经营"网店装修"的店铺，但这些从事网店装修的商家也是鱼龙混杂，其中有些人投机取巧，甚至盗窃别人设计好的店铺出售，这样的店铺可能会在使用时遭到投诉，并会被网站停止使用。

因此，对于那些想要将网店装修外包或购买成品店铺的店主来说，一定要多加小心，防止上当受骗，具体说来，应注意以下几个要点。

一、充分做好装修准备

在进行装修前，网络卖家应该明白自己店铺的定位，而装修风格一定要和自己的店铺定位相吻合，并将自己的店铺定位准确地传达给装修"施工”方，以免最终花了钱，却没能达到预期效果。具体来说，对于网店各个模块的功能及其所要达到的效果一定要表述清楚，这样才能进行更有针对性的店铺装修，也能少花冤枉钱。

二、提前谈好售后服务条件

在做好装修准备之后，卖家就要开始找人进行装修了，但在交易确定之前，一定要和装修方谈好相关事项，特别是售后服务的各项条款，不要以为店铺装修完毕后就没有对方什么事了。因为很可能会在装修完成后的某一天，你的网店页面无法打开或打开后出现错误，或者有时你需要针对店铺的某一次促销活动而对店面装修进行调整，而这样的问题一般的店主显然是难以解决的。解铃还需系铃人，到时候你同样还得找到装修方，如果事先没有说清楚，对方刻意推脱，店主也没有办法，所以，在装修前谈好售后服务条款是非常重要的，以免到时候对方进行推诿，不负责任。

三、装修过程中，进行适当的沟通

装修过程中，一定要和装修方沟通好，以免装修方重复作业，这样会耽误双方的时间。另外，通过沟通也能够及时发现装修中的各种问题，并及时予以解决。如果在网店装修完毕之后，你再表示不满意，再让对方去全盘修改的话，很显然装修方会不情愿，而且即使愿意，也难以装出最佳效果来。

四、谈好如何续费的问题

大部分买家认为网站装修只是设计，只需要为装修方付费一次就万事大吉了。其实装修方在装修店铺时需要为你提供除设计以外的很多服务，如存放空间等，而且这些服务都是需要付费的。因此，这些费用标准及如何续费，也应该在装修之前就和装修方谈好，以免节外生枝。

五、网店装修时一定要考虑到店面主页打开的速度

这个问题是在装修店铺时最容易被忽略的。一个装修得再漂亮的店铺，如果当你的顾客进来时需要等上一分钟甚至更长时间才能够打开你的页面，那么，显然绝大多数顾客是没有这个耐心的，结果只会是，很多顾客会在你的页面打开之前将之关闭。

因此，选择一个好的服务器，是网店装修中很重要的一个环节，在与提供装修的商家或卖家沟通时一定要咨询好卖家，使用的是什么空间。通常那些不需要续费的空间都不会太好用，店主一定要注意这一点。

六、多学网店装修知识，自己动手，丰衣足食

在店铺装修完成后，在实际运营过程中，难免会出现一些小故障、小改动，如果每次都需要找到店铺装修方来为你提供服务，那会既费时，又费钱。其实网店装修除了程序部分以外，剩下的就只是图片处理，一般网店经营者都或多或少掌握一些简单的图片处理技巧，只需要这些你就可以应付你店面平时的一些小小改动。网店装修程序中都是以链接的形式将原来设计好的上传在其他网站空间的图片显示出来，所以只要你做出一张同样大小的图片上传到一些免费的网络相册中（如雅虎相册），然后将程序中的目标链接替换过来，你就能自如地对店铺进行小小的改动。这样将为你的店铺促销活动提供一个十分方便的展示平台。

网店成功案例

巧用靓照美化店铺

珊珊是一个年轻的女孩子，当你第一眼看到她的照片时，是很难把她跟精明的商人画上等号的。可就是这个女孩子，每个月在网上销售化妆品的业绩都会让人刮目相看。

珊珊才23岁，只有半年就要大学毕业了，年纪尚轻的她，精力旺盛，尝试过多种创业方法。虽然每次尝试都小有收获，但她自己总觉得没有什么前途。

有段时间，她由于整日奔波在学业与创业之间，非常疲惫，因此，皮肤出了一点小问题——长起了“痘痘”。可别小看这几个“痘痘”，它们对于爱美的女孩子来说，简直是一种“灾难”。皮肤一直非常好、从未关心过护肤品的她，开始特别留意祛“痘”产品。经过多方寻觅，她最终在一位老中医那里求得了良方，并顺利除“痘”。

“久病成医”这话一点不假，珊珊也因此俨然成了半个除“痘”专家。她不但能够准确分析长“痘”皮肤的特点，还能够大概地说出长“痘”的原因。有了这点能耐，珊珊就想到开一家专治“痘痘”的护肤品专卖店，这样既可以为广大爱美的兄弟姐妹解决烦恼，而且还能赚到钱，可谓一举两得。

然而创意虽好，仍需资金。手里只有一万元的珊珊，纵然有三头六臂也不可能做出无米之炊啊！思前想后，她打算开一个网上店铺，不但投资少，而且还可以面向全国各地的顾客进行销售。

不到半个月，她就将那些自己使用起来非常有效果的治“痘”护肤品搬进网店，小店开张了。转眼一个月过去了，店里却没有一单生意，珊珊虽说尝试过多次创业，可还从没碰到过如此不顺利的情况。

货卖一张皮——这句话虽然有些片面，但如果没有良好的店铺形象和商品包装，再好的商品也很难卖得好。好胜的珊珊开始寻找自己的不足，积极向成功的店主学习。她听从高手的建议，从装饰自己的店铺做起。

此后，她不但精心为店铺做了LOGO，还勇敢地上传了自己的照片作为宣传，不过她上传的店主照片跟别的店主照片可不一样，并不是一张普通的美女照。原来，珊珊认为自己的皮肤经治疗后变得非常好，所以应该让皮肤自己说话，上传一张自己超级清晰的皮肤照片，再配以文字，说明自己治疗皮肤的真实经历，以情动人。

照片上传之后，她无瑕的皮肤吸引了大量眼球，再加上真情感人的文字，由此获得了不小的成功。她的店也因此受到了更多"痘痘"患者的关注，尽管有些患者并不购买商品，只是向珊珊进行咨询，珊珊依然不厌其烦地跟他们讲解皮肤的护理常识（这些人后来成了珊珊的潜在客户和口碑传播者）。当有些问题自己不会解答时，她就向那位老中医虚心求教。

时间一长，珊珊获得了"网上第一皮肤顾问"的美誉，她的店名声在外，生意自然也非常火爆。因此，小店刚刚开业不到半年，每个月就可以做到纯利润3000元以上，令很多经营多年的老店主都羡慕不已，并纷纷效仿。

对于自己的小小成功，珊珊从不沾沾自喜，也从不隐晦，她不但坦诚地向大家讲述自己的成功经验，还依旧不厌其烦地担当着义务皮肤顾问。在她周围的同学都四处寻找工作的时候，她却已经在互联网上找到了属于自己的理想和奋斗目标。真可谓，有心人巧妙运用小小照片，打造出了一个财富小天地。

第四章

想赚钱就得练好摄影技巧

要想开一家赚钱的网店，那么就离不开高超的拍摄技巧，因为你的网店里每个宝贝都需要做个漂亮完美的“亮相”，这肯定离不开专业的摄影技巧，特别是各类服饰商品，更离不开高超的摄影技巧。图片的呈现，对宝贝的点击与成交起到了不容忽视的作用。

第一节 好图出自好器材

要拍摄出好看的商品图片，相应的摄影器材是必不可少的。通常，网店卖家需要准备的摄影器材有数码相机和一些必要的辅助器材。

一、数码相机

如今的数码产品在不断推陈出新，进行着迅速的更新换代，面对着琳琅满目、品种繁多、式样新颖的数码相机产品，究竟该如何去选择呢？为了给广大网店卖家解决这一问题，下面我们就来分析究竟该如何选择数码相机。

1. 数码相机的分类

根据用途，数码相机可以简单地分为单反相机、卡片相机、长焦相机。

（1）单反相机

单反相机指的是单镜头反光数码相机，即 Digital（数码）、Single（单独）、Lens（镜头）、Reflex（反光）四个单词的英文缩写 DSLR，单镜头反光也是单反相机与其他数码相机的主要区别。

单反数码相机的一个突出特点就是可以替换不同规格的镜头，这是单反相机天生的优点，是普通数码相机所不能比拟的。另外，由于单反数码相机都定位于数码相机中的高端产品，其摄影质量明显高于其他普通数码相机。当然数码相机的售价也较高，最低端的也要在 3000 元以上，目前市面上常见的单反数码相机品牌有尼康、佳能、宾得、富士等。

（2）卡片相机

卡片相机是指那些外形小巧、机身相对较轻以及采取超薄时尚设计的数码相机。卡片相机功能没有单反相机强大，手动功能和镜头性能也较差，但能够满足一般的摄影需求。而且这类相机价格便宜，绝大部分型号都在 2000 元以下。目前市场上的索尼 T 系列、奥林巴斯 AZ1 和卡西欧 Z 系列等都是比较经典的卡片相机。

（3）长焦相机

长焦相机指的是那些具有较大光学变焦倍数的机型，光学变焦倍数越大，能拍摄的景物就越远。通常那些镜头越长的数码相机，内部的镜片和感光器移动空间更大，所以变焦倍数也更大。长焦相机的价格介于单反相机和卡片相机之间，代表机型有索尼 H 系列、松下 FX 系列、富士 S 系列、柯达 DX 系列等。

上述几种相机中最适合网络卖家拍照用的莫过于单反相机了，但这类相机价格有点高，如果实在承受不了，一些性能较好的卡片相机也是个不错的选择。

2. 数码相机选购的注意事项

（1）尽量购买专业厂商生产的数码相机

影响相机成像效果的除了像素、镜头等因素外，另一个关键因素就是生产厂商在成像质量方面的整体技术水平。目前，相机整体成像技术做得比较专业的有索尼、佳能、奥林巴斯、尼康、柯达、柯美、富士、松下、三星、爱国者等，上述品牌的产品质量都相当不错，功能方面也各有所长，每个厂商的产品都有自己的特色。所以，如果想买到成像效果好的数码相机，最好还是选购这些专业品牌。

当然，具体选择哪个品牌，还要根据自己的需求及各品牌相机的优势来考虑，比如，如果卖家需要自动功能较多，那么尼康的相机就比较适合你；如果喜欢手动功能比较丰富的相机，那么佳能的相机就比较合适；而女性店主在选择数码相机时，可能就看重小巧和时尚等元素。总之，相机选择要根据实际情况来定，切不可盲从大流。

(2) 购买时要在电脑里观看拍出的照片

在选购数码相机时，相信许多朋友都会随便拍几张，在数码相机的液晶屏上看过后觉得效果可以就买了。其实，这种方法是不正确的，因为数码相机的液晶屏很小，效果好坏并不能看出来。正确的方法是拍出来后在电脑屏幕上确认，并注意看相片有没有偏色。最好能手拿被拍摄的原物进行对照，这样才能看出真正的成像效果。因此，要尽量到配备电脑的经销处购买。

(3) 注意商家报价

货比三家是消费者购买数码相机最通常的手段，经过多家咨询后，再前往最便宜处购买相信是多数自认为聪明的消费者常用的方式。但是俗话说“买的永远没有卖的精”，其实那些精明的商家在报价上面也下了不少工夫，而那些被宰的消费者还往往自以为占了便宜。

张先生打算购买一台佳能 A610 数码相机，他在市场上询问了几个商家。其中第一家给出的单机报价是 2100 元，第二家则报出了 2000 元的价位。经过对比，100 元的差价让张先生决定在第二家处购买。买了相机后，商家又劝他购买储存卡、相机包等附件。张先生心想一些配件也是必不可少的，于是便将电池、存储卡、UV 镜等全部买齐了，其中正常价格在数十元的金士顿 1G 存储卡，该商家给出的价格却高达 200 元。事实上，张先生所购买的其他配件也都远远高于正常的市场价，这样总体算起来，他是亏大了。

可以说张先生遇到的情况在市场中是司空见惯的，商家先以低价位吸引消费者，然后搭载附件一起出售，并依靠配件谋取暴利，对此，购买者一定要引以为戒。

(4) 认真做好试拍工作

许多人在购机试拍时可能会随便拍几张人像和物像，这种方法过于简单，也无法测试出数码相机的成像质量。下面是一种常用的试拍方法：

找一张白纸作为被试拍的对象，分别找来蓝色、红色、黄色、紫色的物品（如纸张或包装盒等）；然后将其中任何一种颜色（如红色）的物品放在白纸的旁边，确保彩色物品的色彩映射到白纸上；再将欲购数码相机的白平衡和其他参数调整好，开始试拍，直至将几种颜色的物品分别搭配白纸都试拍完毕；最后，在电脑屏幕上观看试拍出来的相片效果，仔细看看有没有偏色。

一般情况下，如果数码相机的成像质量好的话，只要调整好白平衡和其他参数，拍出来的效果是不会有偏色的；如果成像质量不好，如蓝色物品搭配白纸拍摄时会偏蓝色，红色物品搭配白纸拍摄时会偏红色，依此类推。

(5) 一定要索取购机发票

有不少人在购买相机时，都会忽视索取发票，而且商家有时甚至会直接告知消费者，如果不要发票，还能得到部分优惠。然而，消费者可能不知道的是，一旦你购买的相机出了故障，没有发票是无法通过正规渠道进行保修的。比如，对于售后服务，佳能公司就明确规定：在请求修理时，应出示保修卡及购机发票；在未出示有效保修卡及购机发票的情况下，佳能授权维修代理店有权不给予保修。

二、摄像辅助器材

数码相机的拍摄和传统光学相机的拍摄不同之处在于，数码相机的后期处理技术使得很多在传统相机上必须由专用附件实现的功能，如今在电脑上就能轻松实现了，这种技术在很大程度上简化了数码相机进行技巧拍摄的烦琐程度。不过要想拍出高质量的照片，有一些辅助器材是必备的，其中最重要的就是特殊镜头、闪光灯和三脚架。

1. 特殊镜头

多数数码相机的镜头都是固定的，而那些能够更换镜头的数码相机是帮助我们进行高质量图片拍摄的好帮手。因为这些相机可以在外接镜头的配合下拍摄出奇妙的照片，如超长焦镜头和超广角鱼眼镜头，其适用范围较窄，而且这类镜头价格昂贵，各卖家要根据自己的情况来选用，也可以选择短期租用。常见的特殊摄影镜头有广角变焦镜头、超广角镜头、远摄镜头、远摄变焦镜头、移动镜头。

2. 闪光灯

目前市场上的数码相机都配有内置闪光灯，不过其性能指标都不能够满足高质量拍摄的需要。这时候就需要外接闪光灯进行辅助，当然数码相机本身得具有外接闪光灯的接口与相应功能，否则就不能够使用外置闪光灯。由于市场上闪光灯的品种很多，效能也有很大差异，在选择时应该注意以下两点：

其一，要考虑闪光灯的指数。指数是闪光灯的性能指标，用来表示闪光灯发光能量的大小，指数越大闪光越强。为了能适应多种拍摄环境，最好选配那些指数较大的闪光灯。

其二，要看闪光灯的性能。闪光灯有专用和通用的两种：专用的只要将闪光灯插上，便可由照相机自动控制，在一定范围内自动选择同步快门，调整闪光强度，进行不同的曝光；通用的闪光灯则须根据不同的拍摄距离按灯上的表格调整光圈，才能准确曝光。当然，通用的闪光灯也有手动和自动两种，可根据需要进行选配。

3. 三脚架

一般消费者在购买数码相机的时候往往忽视了三脚架的选购，实际上要进行高质量的照片拍摄往往都离不开三脚架的帮助，如在进行夜间拍摄、微距拍摄的时候。三脚架的作用无论是对于业余用户还是专业用户都不容忽视，其主要作用就是能稳定照相机，以实现某些特殊的拍照效果。

第二节　塑造适合宝贝的摄影环境

想要自己的网店在宝贝照片上胜人一筹，就应该从打造一个专业而独特的摄影环境入手，这是拍出好图片的一个必不可少的“硬件”要求。

一、专业摄影环境的搭建

成功的网店卖家，有不少都有自己独特而专业的摄影环境，这是他们生意取得成功的一个重要保障。因此，对于有条件的网店店主来说，搭建起自己的专业摄影环境可以说是一个最佳选择。通常，一个专业的摄影环境将用到以下工具和设备。

1. 摄影棚

不少卖家都遇到过这样的问题：在为宝贝拍摄照片时，往往会由于光线问题，而导致图片或过于暗淡，或存在米光线的光斑。其实，要解决这种问题，最好的办法就是准备一个摄影棚。因为，摄影棚是一个相对密闭而又光源充足的小空间。摄影棚的工作原理是将射入到其中的光线，进行漫散射的折射处理，这样那些原本不均衡、锐利的光线在摄影棚内经过多次折射以后，不仅可以削弱光线的投影或光斑，而且也起到了为原本阴暗、背光的部位进行有效补光的作用。所以说，在摄影棚内拍出的图片，光线就比较柔和而自然，而且物品的细节部分也都能得到充分的展示。

2. 摄影台

摄影台，也称静物台，可以说是一种简易的“摄影棚”，摄影台成本相对较低，比较适合那些不想在摄影环境上投入过多资金的卖家。当然，在摄影台之上一般不可拍摄那些反光的饰品类、玻璃器皿类的商品。对于其他不反光的商品，在拍摄的时候，只要把相应的物品放置在摄影台上，再配以合适的光源，就可以拍出高质量的图片了。

3. 背景板

卖家在拍摄不同的宝贝时，为了实现不同的效果，就要用到背景板。背景板的选择可以说是非常重要的，因为背景既要突出宝贝，彰显宝贝，还要与宝贝一起构成一幅完整、和谐又干净的画面，这样才对顾客更有吸引力。

（1）背景板颜色的选择

如果在拍摄时，有真人做模特，那么最好使用明度高、纯度低一些的色调，如白色、蓝灰色、灰黄色等比较浅的颜色，这样才能突出宝贝，且显得宝贝有质感。如果没有真人模特配合拍照，相对而言，拍照的难度就会增加一些，在颜色的使用上，仍然建议明度高即浅色的背景，但由于没有真人，画面不那么生动，所以也可以让背景的颜色鲜艳一些，如黄色、橘色等。

（2）背景板材料的选择

背景板最好选用不反光的材料，因为如果反光的话，灯光照上去会白一块黑一块的，造成光线不均匀，影响照片的质量。其实可当作背景板的材料有很多：一是布类，可以选择有坠性、不易起皱的稍厚的布；二是纸，可选择有质感的稍厚的纸；三是墙纸，不同颜色和背景的墙纸有很多，选择余地较大，而且墙纸较厚，很符合拍照的需要，有条件的建议选择墙纸；四是广告用的 POP 板，在销售广告材料的地方可以找到，价格相对也比较便宜。

4. 照明灯

你的宝贝拍出的照片漂不漂亮，灯光是一个很重要的因素。如果在室内拍摄，很容易会光源不足，这样就会让拍出来的照片出现两大缺陷：一是发暗发黑，二是颜色不均匀。无论你后期如何修改、如何处理，也不会有太好的效果。

当然，如果卖家不具备搭建专业摄影棚的能力的话，就不必选购那些专业的灯光设备，只需选购一个三盏可调节支架，再配以60W的螺旋灯泡即可。通常，三盏灯要放在左、右、上三个方向，如果拍摄的物品很小的话，只要有左、右两盏灯就可以了。如果物品比较大的话，所选灯泡的瓦数也应该相应增加。需要注意的是，灯泡一定要用同色的，而且应用灯罩罩住，以达到聚光的效果。

二、自制简易摄影棚

摄影棚是拍摄照片中不可或缺的工具，但专业的摄影棚构成器材售价又较高，很多刚起步的卖家可能承受不起。而且，对于那些普通小本经营的网络卖家来说，也没有必要搞得那么专业和正式。其实，卖家只要根据自己的需要，手工制作一个大小合适的简易摄影棚即可。

制作摄影棚最简单的方法，就是找一个纸盒，把它的一面剪掉，然后，在剩下的三个面上，平整地贴上白纸，这样一个简易的摄影棚就做成了。当然纸盒子的大小，应该根据自己经营的商品来定，如果你经营的是小件饰品，那么找一个大一点的鞋盒子就可以了；如果你经营的是稍大的商品，那就要找一个稍大些的盒子，否则东西放不进去，即使放进去，也会伸展不开；如果你经营的是大件商品，并且无法找到那么大的盒子，就只好用第二种办法了。

第二种办法就是用铁丝搭出摄影棚的框架，然后再做一个布套，套在固定好的铁丝骨架上，这种方法比上一种稍微麻烦一些，具体做法如下：

第一步，计算出你所需要摄影棚的大小。如果你需要100cm×100cm×100cm的摄影棚，那就把铁丝折成100cm×100cm的正方形，因为一个正方体有六个面，所以要折成六个大小相同的正方形。需要注意的是，为了保证摄影棚的牢固性，一定要选择较粗的铁丝，太细的铁丝很容易变形。

第二步，正方形折好以后，把它们固定在一起，做成一个正方体。这个步骤千万不可省去，每两个重叠的边都要结结实实地绑在一起，否则会不太牢固。

第三步，铁丝正方体做好之后，给它做一个白色的布套，白布不要太厚，否则会影响到光线。白色布套只要做五个面就好了，然后在里面衬上一张白卡纸，一个自制的大摄影棚就算做好了。

有了这个摄影棚之后，只要在它的两侧给出强弱适宜的灯光，就可以拍出精彩的商品图片了。

当然，正方体的摄影棚框架还可以用别的材质替代，如木条、塑料管等。总之，只要最后能方便地拍出好照片，就是好摄影棚。

如果你觉得上面两种办法都有些麻烦，那你还可以试一试下面的办法。这个办法使用起来更加容易，连简易的摄影棚都不需要，只需要一面大镜子和一张靠背椅、一张大白纸就够了。

在摄影时，只需将一张大白纸从椅面一直铺到椅背，然后将你要拍摄的商品摆放到大白纸上，根据光线的需要转动镜子就可以了。这样，不花钱也能制作出一个简易的摄影棚，而且拍摄出来的效果也是很不错的。

第三节 好图片的拍摄技巧

对于摄影新手来说，要想拍出极具艺术美感的照片或许有一定难度，但只要掌握相应的拍摄技巧，要拍出清晰而又美观的照片并不是一件难事。

一、拍照姿势要正确

现在网上店铺越来越多，但对于很多新手卖家来说，商品图片成了一个大问题。事实上，要拍出质量较好的图片并不难，首先要学会正确的拍照姿势，只有姿势到位才有利于拍出清晰的照片。生活中我们可以看到一些人在看似潇洒地单手持机拍照，其实，那样是不可能拍出好照片的。

要想拍出精美的好照片，必须要用双手牢固地握住相机，并且保持方向水平。当然由于相机外形和每个摄像者的习惯差异，摄影姿势没有什么固定的模式可言，一般来说，要掌握好以下动作要领。

1. “稳”

所谓“稳”，是指拍摄者在拍摄照片时，手不能晃，不能抖，否则将会影响照片清晰度。在拍摄横幅照片时，可以用右手揌快门，同时用左手稳稳地托住相机，并用手指来进行调焦等细微的操作。另外，手肘部位应该向自己的身体方向夹紧，这样可以使相机更稳固。

如果是拍摄竖幅照片，则只需将左手放到相机的下面即可，这种姿势可以使相机稳稳地控制在拍摄者的手心。不过，时间不宜太久，否则会感觉手臂发麻。

2. “准”

“准”就是指镜头要对准所拍商品，远近要适宜，同时商品在图片中的位置最好在照片的“黄金分割”点上，这样的照片才会让人看着舒服。否则，图像过大、过小，或是商品正好在图片正中间，都会影响照片的整体效果，给人一种不协调的感觉。

3. “牢”

最后一个关键动作是“牢”。很多时候，拍摄者不喜欢把相机挂在自己的脖子上，觉得那样有些摆放不开，总喜欢把相机直接拿在手上，这时就要全面顾及相机的安全问题，一定要把相机的挽带牢固地套在手腕上，避免由于拍照时过度投入，而不慎将相机摔坏。

二、如何拍摄服装类商品的照片

有很多服装店的卖家在拍照时，往往都是随便把衣服放到桌子上或地上直接进行拍摄，殊不知这种方法拍出的服装照片非常单调，效果也不会太好，顾客很难想象出这款服装的立体效果以及真实尺寸。

对于服装类商品的照片来说，最好能有一个模特来协助拍摄，如果实在找不到真人模特，也可以利用假人作为模特。不论真人还是假人，只要利用得好，都可以最大限度地还原服装立体感，突出服装原有的美感，并激发消费者的购买欲。

1. 模特的拍摄技巧

新手卖家在拍摄之前，最好先找几本服装杂志学习一下，看一看别人照片中的颜色搭配、服装搭配以及背景搭配等。

（1）选模特很重要

模特要选择瘦一点的，不过也不要太瘦，如果撑不起衣服的话，那就弄巧成拙了。模特最好能够体现出服装的内蕴，并且摆出动人的姿势，这样就能够很好地展示出服装的美。

在为模特拍照时，不要本末倒置，只顾注意模特的表情，而忽视了商品。最好能够在镜头中，将模特的脸部去掉，这样可以有效避免顾客注意力的分散。

模特摆好姿势以后，拍摄者最好要多角度拍摄出服装的全貌，如果服装上面有特别的设计，还可以给出局部特写。在上传照片时，不要忘记将模特的身材尺码注明，因为，这样才能够让顾客想象出自己穿上这款衣服是什么样子。

（2）背景选取要注意

在进行服装拍摄的时候，要注意选取相应的背景，不要选用过于绚烂的背景，否则容易抢走服装本身的风头。当然，背景也不宜过于花哨，颜色过多，那会容易与服装混淆，从而让人难以分辨出哪里是衣服，哪里是背景。

通常来说，背景选用淡黄、米白或者粉色等颜色，会有不错的效果。当然，还可以根据服装的特点进行自由配色。总之，要遵循一个原则：背景要尽量使用单色，不要与服装形成大的反差，否则，就容易影响服装的清晰度。

例如，拍摄者可以选择淡色的窗帘，配以原木色调的地板和淡色调的沙发进行拍摄。这种背景搭配可以给浏览者留下简约大方的印象，在视觉上也会让顾客感觉很舒服。

拍摄者还可以根据服装特色，打造出原野风格的背景。例如，可以使用原木效果的木屋背景图，配以桦木地板，再搭配原野风情图，来全方位打造绝美的背景。

（3）适当使用一些小道具

如果只是使用背景，那么拍摄出来的照片难免会显得单调。这时，卖家还可以使用一些适当的道具来为自己的宝贝照片添光增彩。千万不要小瞧道具的作用，小小的道具如果用得好，就可以衬托出服装的气质，起到画龙点睛的作用。不过如果添加得不好，那就成了画蛇添足了。

道具可以是一个玩具、装饰包、首饰、太阳镜，还可以是一本杂志、一张 CD 等。总之，只要你能想得到，并且搭配起来很协调，最主要的是要能够突出表现的商品，与商品的气质相吻合。

如果是学生装，为了凸显模特的书卷气，可以让模特手里随意拿几本书；如果是白领职业装，为了表现出白领的干练和精明，可以选择一个文件夹作为道具；如果是休闲装，那么漂亮又搭配的玩具就是不二的选择；如果是性感的时装，那么一双尖头高跟鞋或一条时下流行的宽腰带，都是不错的搭配；如果是男装，旁边还可以放一些诸如钢笔、打火机、瑞士军刀之类的小物件。

总之，只有那些处处用心的店主才能拍出高质量的照片。

2. 平面拍摄技巧

如果卖家实在找不到合适的模特，那也不要勉强，也可以采用平面拍摄的方式。事实上，很多店主采用平拍的方式效果也都非常不错。但要注意，一定要选好角度，拍得清楚，才能充分展示出服装的魅力。

由于没有模特营造出的立体效果，所以在平面拍摄中一定要注意颜色搭配。其实，如果你是一位有心人，一定会注意到很多服装杂志都是选用的平拍法，而它们的成功之处就在于懂得颜色搭配。比如，可以把不同色系的同款服装，整齐地码在一起，只有一件是完全打开的，既可以让顾客看清款式，又可以充分展示出这款服装的所有颜色，大大增添了商品的卖相。

拍摄者选择平拍的同时，要特别注意选择服装的摆放背景。背景颜色也是首推淡色，如淡黄、乳白、浅粉等。不过，如果服装本身是很淡的颜色，就要考虑色差问题，也就是说，给淡颜色衣服选择的背景最好是深色，这样才能清楚地展示出商品的特色和美。

简言之，服装拍摄要把握以下几点：

第一，拍摄一定要清楚。

第二，进行全方位立体展示。

第三，服装细节部位也要凸显出来，如商标、拉链、纽扣、里衬等部位，这些部位的拍摄可以使用“微距”模式进行。

第四，颜色与背景要相搭配。

如果一个新手卖家能够做到以上几点，那么拍摄出来的照片效果就不会出现太大的偏差。

三、如何拍摄透明商品的照片

网上有不少卖家经营的是玻璃器皿、水晶、玉器等透明商品。这类商品的拍摄有一定的难度，如果拍摄不当，效果会非常不好，商品在照片中会不太明显。

在拍摄透明商品时，一般应采用侧光或底部光进行照明，就可以很好地表现出静物清澈透明的质感。要注意底部光使用时，应使用白色底衬或者直接放在玻璃上。另外，也要特别注意拍摄背景的选择。

由于商品本身是透明的，所以背景最好设置得鲜艳一点，同时还要顾及商品本身的气质和内涵，因此，陪衬物的选择绝对不能掉以轻心。具体来说，卖家可以选择一个亮色的背景，如亮黄、亮粉、紫色，甚至明亮的黑色玻璃等雍容华贵的背景色，再配以各种华贵的陪衬物，如鲜花、造型优美的工艺品、精美的毛绒玩具或是新鲜的水果等。有了这些道具，那些透明的商品拍摄出来就不会显得那么单调了。

四、如何拍摄珠宝首饰类商品的照片

有些店主，专门在网上卖珠宝首饰，商品不错，可是拍照却成了难题。拿到专业影楼去拍，价格太高；自己拍，效果又太差。那么，对于珠宝首饰类的商品，应该如何来拍照呢？

1. 拍摄前的注意事项

①拍摄照片时首先要注重饰品的形体特征，如何将商品的形体与拍摄背景生动地融合在一起，这是拍摄的关键所在。由于在拍摄照片中，饰品的形态各异、色彩丰富，要充分展示饰品的外形特征，力求美感和生动性。

②要利用饰品与背景受光的差异。一般来说，可以利用日出日落的逆光，因为这时的光线最柔和，提前选好位置和角度，等待太阳升起或落

下，由红变橙黄色，或由橙黄色变红，看上去又不刺眼时，是拍摄的最好时机，一般只有十分钟左右的宝贵时间，千万不要错过。另外也可以利用室内和室外人工造成的受光差异或天空和水面的自然强反射光来进行拍摄。

2. 具体拍摄方式

首饰种类繁多，有戒指、耳饰、项链等，质地有金、银、各种宝石及其他材质。它们加工精美、造型别致、光色耀眼，拍摄时应充分表现出其精度、美感和价值。例如，金银需要拍出高光线条，水晶需要拍出通透感，玉器需要拍出柔润的反光面。金银质地的首饰布光需要用到散射光，多棱面的宝石应用直射光。要拍好这类商品，需使用不同的道具和不同的布光方法。

（1）微距

将相机调节到微距模式，如果相机有锐化模式也要打开。另外，如果相机微距功能是5cm或是5cm以上，则应将相机的照片尺寸调节到最大，这样拍摄出来的照片在进行后期处理的时候细节部分就不会丢失。

（2）构图方式

在商品构图上应尽量采取中心构图或对角线构图的方式来拍摄。如果将相机和商品保持45°角俯视，这样拍出来的商品视觉感觉比较舒服。

（3）布光方式

在拍摄时最好使用无投影摄影台，且在左右和底部都要布光。如果想要效果更好一点，就应再准备一个移动灯具，从稍远的地方照射商品，制造高光或反射点，进一步强化商品的质感。

（4）拍摄方法

先把一张小桌子或者椅子放在阳台上，再把摄影棚放在台面上。在拿放首饰时最好戴上白棉布手套，一方面因为首饰比较贵重，另一方面如果指纹印在首饰上，也会影响到拍摄效果。拍摄者也要尽可能穿白色的服装，因为穿色彩鲜艳的服装容易将自己的影子映到首饰上，也会影响到拍摄效果。另外，根据拍摄者的个人喜好，可准备些陪衬的花草或者其他装饰物，能让你的图片更加赏心悦目，但注意别让它们喧宾夺主。

（5）拍照

将相机像素调整到最佳，选择微距拍摄。由于拍的是静止的物体，也不是在昏暗的环境下进行抓拍，所以可以将 ISO 值调得低一些，如 ISO50/100。因为，高 ISO 值会使照片的颗粒较大，看起来比较粗糙。

3. 戒指的拍摄要点

①选择黑色或红色做背景，鲜艳的颜色更能吸引买家的目光。

②用橡皮泥或双面胶把戒指立起来，直立角度拍摄会比平躺着更有立体感。

③网店展示的图片为正方形，所以必须充分利用正方形空间，最好的角度是 30°～45°。注意戒面是否能完整展现。

④利用摄影棚和自然光。

如果有可能的话，还要拍摄几个不同角度的图，让买家详细了解戒指的材质和结构。建议拍摄一张佩戴的效果图，让买家可以有身临其境的感觉。

4. K 金、镶钻首饰拍摄要点

K 金、镶钻首饰的拍摄相对来说难度较高，其中最大的问题在于反光。拍摄 K 金、镶钻首饰，需要在商品周围设置遮挡物，以防止金属表面映射倒影。对这类饰品来说，最好的拍摄工具是柔光摄影棚，也可利用白布或 5 张 A4 的纸搭建一个小小的临时简易摄影空间。无论用什么方法，只要达到能够充分阻挡可能映射到金属表面的物体即可。在具体拍摄时，还要注意以下几个细节：

①拍镶钻的首饰时，可以使用一些小的附件去激发钻石内部的光彩。比如用一张天蓝色的纸，在钻石上方移动，一直到钻石反射蓝色光芒的时

候再按动快门。

②镶钻戒指可以立放拍摄，也可以平放拍摄，戒面尽量不要正对相机，因为这样商品上会倒映出相机镜头。

③用对角线的方式构图拍摄项坠时，建议加一条项链作为道具，这样拍出来的效果比单独的项坠要饱满，也可以缓解由于项坠过大对买家的视觉冲击。

如果通过上述拍照方式，仍然不能得到令自己满意的效果，那么还可以在电脑上对照片进行加工，就是通常人们所说的后期制作。但是，后期加工不宜过度，否则容易给顾客造成一种不真实的感受。

当然，卖家如果有条件的话，还可以找首饰模特来进行辅助拍照，精美的首饰如果经过模特准确的演绎，再辅以时尚雍容的服饰，那么其效果自然会有很大的突破。不过需要注意的是，千万不要犯喧宾夺主的错误，不要一味地为了追求唯美的效果，而让顾客搞不清楚你卖的是衣服还是首饰。

五、如何拍摄瓶装类商品的照片

要想突出瓶装类商品的效果，必须要准备好漂亮的背景或干净的单色背景，这样不但可以省去进行后期修图的麻烦，而且还可以使物品周围的环境显得更自然、更有情趣、更真实。

要拍好瓶装类商品，首先要先准备一盏台灯、一个手电筒、一块黑色玻璃、一块柔光布、一个大小合适的小镜子，如果有现成的摄影棚，就只需要一块黑色的玻璃板和一块小镜子即可。黑色的玻璃板可以放到摄影棚里，用来做底，台灯和手电筒分别布置在两边，台灯的光作为主光，手电筒则用来作为补光。这样可以使照片拍出来更有层次感。柔光布在拍摄有镜面反射效果的商品时，一定不能省。

接下来就是寻找最合适的拍摄角度，因为有些瓶子是金属盖，不仅反光效果很强，还非常容易把周围的环境甚至拍照者照进去，会影响拍摄效果。而且这种反光效果加上过度使用灯光，很容易会照成白茫茫的一片。如果用光的角度不对，还有可能会使摄影者满眼金星，但照片主题却黯然无光。

如果瓶子里装的是透明、半透明液体，如香水、爽肤水之类，还需要在商品的后面放上一块小镜子，这样可以有效增添商品的通透度，在照片中提升产品的形象和品质。

当然，如果卖家有心的话，还可以使用一些相应的道具，诸如鲜花、珠宝、玩具、贝壳等，可以最大限度地衬托出产品的高雅气质和尊贵品质，给顾客一种唯美的感觉。

六、漂亮小饰品的拍摄

小饰品是女孩子们的最爱，那些喜爱精致生活的细心女孩子们，经常为自己或朋友选购一些绝妙的小饰品，因此，网上销售小饰品生意非常火爆。但是小饰品在拍摄时有一定的难度，要想拍好需要店主下一番工夫。

具体说来，在拍摄饰品时，要注意下列事项。

1. 掌握好拍摄时间

最好在早上 9 点到中午 11 点、下午 3 点半到 5 点半（太阳落山时最好别拍，因为夕阳的红光会让照片出现偏色）进行拍摄，地点可以选择在阳台上，或者是有大窗户的房间。

2. 拍摄背景

拍摄背景需要和要拍摄的宝贝相得益彰，这就要了解所要拍的宝贝属于哪种气质，并根据这种气质来选择适合的背景和颜色。如果选不好就直接使用白色或黑色的背景。

3. 突出主题

首先要了解整个饰品的主题部位，对于较大的饰品不必拍出全景，只需突出重点部位即可，给各个部位都来一个细节性的特写。

4. 后期制作的注意事项

在对图片进行后期处理的时候，应该注意以下几点：

①不要对图片进行色彩失真处理，因为图片本身的色彩、清晰度就很不错了，如果处理得和实物色彩有较大差别，肯定会在顾客心里留下不好的印象。

②不要喧宾夺主。有的卖家喜欢给图片添加些其他的效果，这些都是可以的，但一定要围绕突出主物品，否则就过犹不及了。

③要注重整体风格的统一，有很多的物品是系列化的，在图片的后期制作时应该考虑到整体的风格，如同一系列、同一类别的饰品采用一种风格。

想要拍出漂亮的小饰品照片，其实一点也不难，只要多动脑筋。

小杨平时酷爱摄影，后来他在网上开了一家小饰品商店，由于自己对摄影很感兴趣，并且水平还说得过去，因此他的图片总是显得别具一格。同样是一枚发卡，从别人手里拍出来就显得很一般，而经过他的拍摄，这枚发卡似乎被注入了灵气，显得既优雅又个性十足，所以他的网店生意总是很红火，订单不断。

就拿一枚普通的蓝色水钻发卡来说，店主一般都会喜欢在旁边放置一朵鲜花，或是几块石子之类，用以渲染发卡的美。而这位摄影高手，却把这枚发卡跟仿旧牛仔搭配到了一起，把这枚发卡巧妙地别在牛仔裤粗犷的口袋上，照片出来后，效果出奇的好。

由于有了牛仔的狂野风格作为衬托，这枚小小的发卡就显得极具个性且细腻。再加上牛仔裤的颜色一点都不亮，所以又没有任何喧宾夺主的感觉。

可以说，小饰品虽好，可如果拍摄者不用心，就很容易落入俗套。而且，小饰品在拍摄时，与各种小道具是密不可分的，道具用得好、用得到位，不但可以展现出饰品的神采，还可以为整幅照片增添无尽的美感。

第四节 拍照误区与照片处理注意事项

一张好的图片，是建立在拍照者对摄像器材、摄像技术乃至后期调整制作的一个整体把握与综合运用的基础之上的，任何一个环节都忽视不得。

一、拍照误区

不可否认，拍照在很大程度上取决于摄像器材，但有时候也取决于个人的拍照技术，千万不可陷入各种误区与极端中。

1. 相机像素越高就越好

有的卖家认为，相机的像素越高，拍照效果就会越好。其实这话并不完全对，因为那些像素高的相机拍出的照片被放得很大之后，还会很清楚。但是对于一般的拍摄者来说，对照片尺寸要求不是那么大的时候，就没有必要购买像素很高的相机，500 万像素左右的相机其实就已经够用了。当然现在主流的相机像素已经达到 1000 万像素甚至是更高了，也没必要刻意去选择那些低像素的相机。

2. 手动模式的相机比自动模式的效果好

手动模式的相机对拍摄者的要求比较高，如果技术不过关，也难以拍出高质量的照片。如果你是一个新手，对摄影知识几乎没有什么了解，那么自动模式的相机或许就是一个更好的选择。

3. 照片必须要经过处理

好的照片的确会经过大量的后期制作，但一张在前期拍摄不到位的照片，即使经过后期制作，也不可能成为一张好照片。真正的好照片，在拍摄时就应该已经有了很好的构图和明暗层次，后期制作只是为了修改一些极小的瑕疵。

4. 好照片源自专业的摄像器材

可以说，现在的相机制造技术已经非常成熟，只要是专业厂家生产的，一般也没有质量太差的。相比较来说，外部环境对照片的影响更大些，相机的好坏不能完全决定拍摄的好坏。相机的专业与否只是专业设置多一些还是少一些而已。再者说，相机再好也不过是机器，不能帮你把照片拍好，要想拍出好照片，还要依靠自己的拍摄水平。

5. 理论知识不是万能的

有很多网络卖家很看重各种拍摄的理论知识，认为只要掌握了这些知识就一定能将照片拍好。事实上，理论知识只是向你讲述一些最基本的拍照知识和相机使用知识。而要想拍出好的照片还要不断在实践中摸索和练习。对于会使用相机的人来说，他们的技术并没有太大差别，可有的人就能够拍出好照片，有的人就不能拍出好照片。他们的差异不是存在于技术层面之上，而是存在于审美情趣和创意上。只有多看、多想、多拍、多总结、多揣摩，才能在潜移默化中培养自己的审美观。

6. 好相机最关键，其他都不重要

有很多网络卖家在选择相机时，总是选择那些最贵的，认为好相机就一定能拍出好图片。其实不然，因为在拍照时，光线、环境以及相机设置都是非常重要的因素。如果没有出色的光线，再高级的相机也拍不出好照片。

要想拍出好照片，即使没有条件购买那些专业的设备，也要尽自己所能，全力改善拍摄环境，并且不断提升自己的摄影技术，只有这样才能拍出好照片。如果你不相信，执意要去花冤枉钱购买昂贵的专业相机，相信你很快就会后悔，因为那些专业级的摄像器材，也不是轻松就能玩得转的，如果技术不好，一样拍不出好照片。

二、照片处理注意事项

在照片拍摄完毕之后，有时候可能还要对那些不甚满意的照片进行调整、修饰，并且要用到专业的处理软件，如 PhotoShop 等。在对照片进行调整的过程中，应注意以下几个方面的要求。

1. 照片图形尽量采用正方形

通过照片编辑软件可以将照片编辑成圆形、正方形、长方形等各种形状。但建议各卖家最好还是以正方形的形式上传到网店中，因为这样可以最大限度地利用空间，而且在各种网站的广告位上，对图片的规格要求也都是正方形的。

2. 一张照片只放一件商品

对于一些商品较多的卖家，由于店铺页面空间有限，因此，有的人为了充分利用空间，往往会在一张照片里展示两件甚至更多的不同商品。但是，这样做的效果并不好，首先将几件商品堆积在一起会给人一种凌乱而烦琐的感觉，而且还难以突出重点。

所以，建议网络卖家最好在一张图片上放一件商品，当然对于那些较小的、同一款式不同颜色的商品，也可以在一张图片上展示出来，但也要注意其中的间隔，给人一种干净、利落的感觉。

3. 不要将过多的商品细节展示在一张图片里

很多卖家在拍摄商品的细节时，特别是在细节部位较多时，就往往将一些细节性的部位放在一个图片中来展示，这同样也达不到良好的效果。因为将过多的细节放在一张照片里，不可避免地要压缩图片，这样一来，各细节性的图片不仅变得很小，而且显示效果也会大打折扣。所以，对于细节性的图片，大可以单独平铺展示出来。

4. 水印使用要得当

在照片上添加一些个性的水印，不仅能够防止被别人盗用，同时也是本店的一个统一标志，一个与其他店铺相区分的外在标识，如果运用得当的话，将会收到良好的效果。但是，在不少网店中我们也可以看到，很多照片上的水印不仅不够美观，而且字体特别大、特别醒目，甚至影响了商品图标的正常浏览，这种喧宾夺主的安排就给顾客留下了极为不好的印象。因此，在制作水印时，要注意不要做得太突兀，不要为了重点突出水印而忽略了商品。

网店成功案例

名副其实的“美丽生活坊”

“美丽生活坊”店主楠楠是个大学四年级女生，这位清纯靓丽、活泼可爱的小女生，很难让人把她与美丽生活坊联系起来。然而就是这么一位女大学生，在短短的10个月时间内，创造了一个令人意想不到的奇迹——从一个无名小辈挂靠淘宝网到成为信誉最好的网络商。

楠楠上大学是在南京林业大学的江宁校区，离南京市区有些远，平时买生活用品和衣服之类的很麻烦。到了双休日就只好上上网，通过网络了解一些社会上的事情。

一天，楠楠在易趣网上看中了一款喜欢的衣服，而且当时网上标价只要150元，她就抱着试试看的态度把钱汇了过去。当时，网上购物在同学们中间还是新鲜事物，同学们都不相信，纷纷劝说她不要相信网上店铺，那肯定是个骗局。“我当时想，如果是骗局也就是损失150元，尝试一下无所谓。”楠楠笑着说。可没想到，过了几天后她竟真的收到了想买的衣服，她当时觉得好开心。

“网上购物成功后，我忽然就萌生了一种想法，觉得任何事情你不尝试就不知道结果。”楠楠说，从那以后，所有的生活用品她都从网上购买，而且价格便宜实惠。

享受了一段网上购物的快乐时光后，楠楠萌发了网上开店的念头。随后她便开始准备，从购买电脑、摄像头和扫描仪等硬件设备开始，楠楠心爱的女孩服饰网上专卖店——美丽生活坊开业了。

店开了，但麻烦却来了。由于是刚刚开店，资金有限，楠楠没有专门用于拍照的相机，只得凑合着用电脑上的摄像头进行拍摄。用摄像头拍的照片尽管解了一时之急，但由于像素过低，照片有些昏暗模糊，再加上楠楠在网上也没有一点信誉积累，货物摆在店里根本无人问津。好不容易熬了一个月，一名外地买家终于发来信息，要购买其中的一件衣服。虽然一个月就卖了一件衣服，可楠楠却开心得要命。而不久后，该买家的一段评语让楠楠豁然开朗，找到了自己网店生意不好的一个原因。原来，那位好心的买家是这样说的：“说实话，开始我也是下了很大的决心才决定购买的，因为你的宝贝照片实在太不清晰了，我真担心质量问题。没想到，收到宝贝后，实物效果要远远好于照片，在此，支持一下店主，同时，也希望以后能上传些更漂亮的照片。”

楠楠找到了问题的症结，就不再犹豫，当即筹集资金去买了一台最新款式的数码相机。为了拍出清晰美观的照片，她阅读了大量网上、书上的各种拍照技巧及教程，并进行了大量的拍摄实践，但并不着急上传照片，直到她自己感到满意为止。

这样一来，由于楠楠的宝贝在价格和质量上本身都很有竞争力，如今再配以清晰可人的照片，她的生意开始逐渐红火起来。

随着生意越来越好，楠楠的拍照设备当然也早已经鸟枪换炮，不仅相机换成了更专业的尼康单反相机，而且她还特意布置了一个小型摄影棚，拍出的宝贝照片与以前相比，自然也是不可同日而语了，很多买家都对她的拍照技巧赞不绝口。如此一来，她的网店也成了名副其实的“美丽生活坊”。

随着时间的推移，美丽生活坊在网上慢慢地有了知名度。天南海北的顾客一个接一个地打来电话发来信息，要购买店铺内的服装。为了节省点邮费，她经常一个人在星期天提着七八个大大小小的邮包，坐公交车从江宁赶到夫子庙邮局去寄。楠楠说：“当时开店时根本就没想着要赚钱，主要是想尝试一下，而且也做了最坏的打算，如果东西卖不了就自己用。真的没有想到网上店铺生意竟这么好。”本来只是想将开网店作为打发业余时间及赚零花钱的楠楠，如今已经在认真考虑将之当成一项事业来做了。

第五章

一家赚钱的网店离不开宣传推广

网店宣传推广的目的就是打动买家的心，让买家进入网店购买店铺的商品。但该如何才能打动买家的心，让买家主动购买店铺的产品，这就需要从买家的需求出发，从买家的角度进行店铺宣传推广，让店铺的宣传推广信息直达买家心中，让买家有印象，并主动进入到店铺了解、购买商品。网店该怎么从买家的需求出发进行宣传推广呢？

第一节 借题发挥，运用网络平台做推广

相对于传统店铺，网店有了更多的推广方式，尤其是网上的宣传推广方式更是五花八门，而且很多都是免费的，只要卖家充分发挥自己的聪明才智，有效利用各种网络推广方法，就能收到事半功倍的宣传效果。

一、BBS、论坛、社区发帖宣传

在网上宣传自己的网店，其中去论坛或者 BBS 发帖是一个不错的选择。有些卖家可能认为，做生意不好好研究店铺，跑去泡论坛发帖，简直就是不务正业。事实上，几乎每个论坛上都有个人签名栏，卖家如果将标有自己联系方式的网店地址设计上去，不论是以文字的形式，还是图片的形式，它都可以在你发帖子的时候或者是给别人回复帖子的时候自动显示在下面。

用这种方式既可以免除因为做广告而被删除帖子的厄运，又能以个性的方式来展示自己的店铺，宣传自己的网店。事实证明，卖家若在 BBS 和各种论坛中发帖或是回帖，同时留下带有自己店铺链接签名的话，确实有助于有效提高店铺的点击率。

1. 发帖的要点

（1）发帖要发在合适的版面

这里所说的合适的版面主要是指帖子的内容要符合所在版面的主旨，一个萝卜一个坑，不要把讨论服装的文章发到了数码论坛，也不要把讨论化妆品的文章发到了运动类的论坛。

（2）发帖要发在人气较旺的版面

如果你发帖的版面人气不旺，那帖子也就很少被人浏览，自然也就达

不到宣传推广网店的目的。当然，那些人气较旺的版面竞争也是相当激烈的，但只要你的帖子好，就一定有出头之日。

（3）要发好帖和精华帖

有些卖家只在乎发帖的数量，而不重视帖子的质量。事实上，发帖数量固然很重要，但发帖的质量更加重要。当然，最理想的状况应该是既有数量又有质量，但在两者不可兼顾的情况下，还是应该以质量为重。否则的话，你虽然发了大量的帖子，但最终很可能都会泥牛入海、毫无音信了。

（4）要有好看的论坛头像和签名图片

卖家在发帖时，肯定要用到相应的用户名，而用户资料上的论坛头像和签名图片就相当于一个流动的免费广告位，因此要善加利用。特别是头像千万不要让它空着，可以用好看或可爱的图片和签名来制作头像，这样才能更好地吸引顾客的眼球，以达到招揽顾客的目的。

（5）要多发销售、装修方面的好帖

发好帖是提高网店浏览量的前提，而发那些与销售、店铺装修有关的好帖才是提高店铺浏览量的一个关键（但建议大家不要夸大销售成绩），因为这些帖子才是大家真正关心的内容。

（6）发帖后要注意跟进、维护

帖子发表之后并不代表就可以将帖子束之高阁了，你还要认真细心地去做好后续工作。比如，经常去看看，甚至可以自己回复一下，以带动人气。当然，也可以及时回答别人提出的问题，并对别人的建议表示感谢。

（7）要为帖子取个好名字

对于帖子来说，名字往往起着画龙点睛的作用。别人了解你的帖子首先是从帖名开始的，因此，卖家在为帖子命名时，一定要多用心，可以借助各种醒目的特殊符号和表情符号来吸引别人的注意，同时也可以借用一些较为震撼的词语，如“吐血推荐”“皇冠卖家经验大奉送”等，但前提是你的帖子一定要货真价实，否则只会令人生厌。

（8）帖子内容有讲究

发帖的内容要真实、详细、易懂，多介绍一些开店的经验和大家分享，这样才能产生共鸣。要注意帖子尽量不要长篇大论或层次不清，另外为了更吸引人，可以在帖子中穿插一些表情图片或用不同的字体和颜色来活跃气氛。

好的帖子有时还会收到意想不到的惊喜。比如，在淘宝社区，如果发出的帖子被评为精华帖，还可以获得宝贵的银币，然后可用银币去购买位置很好的推荐位，为自己的商品进行广告宣传。精华帖还可以有效提升掌柜店铺的形象，有助于打造良好的品牌形象。

（9）不要单纯为了广告而发帖

发帖要注意技巧，要巧妙地将自己的店铺信息融合在帖子中，这一点尤其重要。如果卖家们为了做广告而到处去发广告帖，那就有些失策了。因为那样会很容易引起别人的反感，甚至有可能被踢出聊天室，所以卖家一定要把握好发帖的度。

2. 回帖的要点

对于很多新手卖家来说，一上来就大量发帖可能并不现实，一来是对发帖的具体操作方法尚不太了解，二来也确实没有太多的经验可以拿来与大家分享。这时，卖家就不妨先从回帖开始，即在阅读别人经验帖的同时，给人以恰当的回帖。

回帖也有着很重大的意义，因为回帖特别是回好帖是对发帖者劳动成果的尊重，会赢得对方的好感，好的回帖甚至会埋下友谊甚至生意的种子。另外，回帖也有利于营造良好的网络看帖风气，因此，每个人都要从自身做起，多回帖，回好帖。试想，如果你不回别人的帖，别人也不回你的帖，那么，整个网络社会将会变得冷漠自私。所以，回帖是一种利人利己的行为。

在回帖时，要注意以下几个要点：

①回帖要注意抢占好位置，也就是要抢占最靠前或尽量靠前的位置，而且要注意提高回帖的质量。因为只有高质量的回帖，才能引起别人的关注和好感。

②回帖要写明自己的真实想法，而不要简单地回复“好”“顶”“支持”等字眼，甚至是回个简单的图片表情了事。

③回帖也要做出挑选。应该在那些新发的帖子、精华帖后面及时回帖，因为后面看的人会很多，如果你的回帖精彩，同样会吸引到众人的注意。

3. 点击率较高的论坛

在互联网发展的早期，网上信息相对来说比较少，用在点击率较高的论坛发帖、回帖的方式来做宣传，效果非常不错。最近几年由于网络信息大有呈爆炸式增长的趋势，所以用这种方法进行宣传的效果明显下降。不过，那些设计有个性、有新意的网络留言式宣传仍然可以受到不少浏览者的关注。

二、巧用友情链接

在淘宝网、拍拍网等一些网络平台的店铺中都设置有“友情链接”专区。通过这一功能，卖家可以将别人的网店名称添加到自己的网店首页中，在页面上直接点击网店名称即可对友情链接店铺进行浏览。同样的办法，也可以让自己的店铺出现在别人的友情链接中。

1. 友情链接的好处

友情链接，可以说是各卖家互相捧场、互相提携的一个良好推广手法，尽管这种推广方式是免费的，但却有着极强的针对性，能够有效吸引大量有效的潜在顾客。

①如果你的店铺里友情链接满了，一方面会让买家觉得你是非常专业

的卖家；另一方面，友情链接还可以使你的店铺档次提高，让人觉得你在店铺整体完善上非常到位。而如果你的友情链接里有皇冠店铺等，也会给买家留下良好的印象。

②在与朋友交换友情链接时，就有很大的机会与之共享买家。当对方店铺的顾客光顾时很可能也会注意到你的店铺，这样浏览量自然就上去了，而且成交量自然也会随之增加。

2. 友情链接的添加步骤

下面就以淘宝网为例，为大家示范一下友情链接的添加方式：

第一步，登录到“我的淘宝”。

第二步，点击“管理我的店铺”，进入新页面。

第三步，点击“友情链接设置”。

第四步，输入相应的信息，点击“添加链接”确认，友情链接就设置完成了。

目前，在“友情链接”中出现的店铺还只能被随机显示，其显示顺序不能随意调整。

3. 如何选择链接的店铺

①和朋友交换链接。和朋友互相交换一下链接，可以使店铺增加人气，但值得注意的是，在交换时也要有所选择，比如，服装店铺，最好是和服装或者有关的店铺交换链接，这样，可以更好地抓住前者的目标客户。反之，如果和其他完全不相关的店铺交换，那么对目标客户的把握也就不会特别准了。当然这也不是绝对的，要视店铺的具体情况而定。

②争取和那些比自己级别高的店铺成为友情链接。这里主要指的是那些钻石级或者皇冠级用户，通常情况下，做到这一点也是有难度的。但是，凡事也不是绝对的，尤其是一些新手卖家，要学会虚心请教。因为这些级别较高的用户也都是从点滴做起的，他们能够体会到新手的困难。如何去沟通，相信每个卖家都会很清楚。即使在一开始就遭到冷遇，也千万

不要气馁。“精诚所至，金石为开”，只要抱着一颗诚心，用友善的态度向那些成功的店主虚心请教，甚至可以简单地跟对方描述一下自己对于小店的未来规划，让对方感觉到你的真诚与努力，相信用不了多久，你的店铺链接就会出现在越来越多的站点上，从而不断扩展自己的宣传面。

另外，还可以使用缓兵之计，先把自己的小店精心经营一段时间，等到有了一定的点击率之后，再跟他们洽谈建立友情链接的事，成功的可能性就会增加很多。

③与同级别店铺交换链接。和自己差不多的店铺，即便是不认识，相互交换一下链接，于人于己也是有好处的，做到这一点是非常容易的。

④如果你的网店生意做得比较成功，那么就不妨多照顾一下那些没有经验的新手卖家。一般情况下，新手卖家想加入你的链接有两种可能：一是你的信誉高，可以共享客户；二是他们发自内心地尊重你的店铺，对你的网店经营之道表示佩服。这对于一个卖家来说不会有什么损失，而且也很有可能会进一步促进自己店铺的成交量。每个人都有自己的优势，新手卖家也是一样，如果帮助了他们，自己也会受益，何乐而不为呢?

通常情况下，每个网店都可以设置几十个友情链接，因此，卖家们一定要静下心来，认真做好每一个链接，千万不要轻视它们，只有珍惜每一次机会，才能将成交量最大化。

当所有的友情链接都设置好之后，你的网店就跟那些链接的网店形成了一个不小的商铺网络，既可以相互增加点击率，又可以形成商品互补，极大地增加了人气。值得注意的是，卖家要尽量和商品互补类店铺建立链接。这样一来，既不会形成恶性竞争，而且也可以成为对方有益的必要补充，使消费者进行“全面、一站式”购物成为可能。

三、使用搜索引擎

搜索引擎是进行信息检索和查询的网络工具，如果在搜索引擎中注册自己的店铺，将能使店铺推广和宣传起到事半功倍的效果。毫不夸张地说，店主注册的搜索引擎数目越多，店铺被访问的机会就越多，生意成交的机会也就越多。

搜索引擎的基本形式可以分为网络蜘蛛型搜索引擎（就是我们所说的搜索引擎）和基于人工分类目录的搜索引擎（就是分类目录）。其内容和形式多种多样，包括搜索引擎优化、关键词广告、竞价排名、固定排名、登录免费分类目录广告、网页内容定位广告、在分类目录合适的类别中进行网站登录等。

现在，越来越多的店主已经意识到使用搜索引擎来进行网店推广的重要性，并且很多店主已经证明了这种推广方式的效果。在使用搜索引擎进行注册和登记时，也是有技巧可循的。

1. 认真设置关键词

在各大搜索引擎进行注册和登记的时候，一定要注意搜索关键词的设置，以及关键词的顺序排列，不要以为在搜索引擎中注册成功就大功告成了，关键词的设置不同，或是关键词的排列顺序不同，将会影响产品被搜索后的排名。

2. 在 PR 值高的网站论坛多发信息

提交搜索引擎注册申请之后，往往需要等待一段时间之后才会被搜索引擎收录进去。要想取得立竿见影的效果，店主还可以到一些 PR（PR 值，即 page rank，网页的级别技术，级别从 1 级到 10 级，PR 值越高说明该网页越受欢迎）值比较高，并且与自己经营范围相仿的网站论坛发布信息，不要忘记使用活动的签名，因为通过这样的签名可以很方便地链接到你的店铺。

当你的店铺被链接的频率高了，就可以让搜索引擎快速抓取店铺信息，从而被收录下来。由于搜索引擎对 PR 值高的网站进行的信息抓取比较频繁，因此，在这类网站论坛发布了信息之后，可以有效增加店铺点击率和商品成交率。

3. 求助专业公司

卖家如果对网络不太精通，还可以求助于专业的网络推广优化公司，可以让这些专业公司为自己的店铺做出专业推广方案，全力提高网店排名。只要网店排名靠前了，店铺被搜到的机会就会大大增加。

这些客户或潜在客户，如果在搜到的店铺里找到自己心仪已久，而且又物美价廉的商品，那么成交也就是水到渠成的事了。

四、充分利用站内搜索

如果买家需要在网上买一样特定的商品，如手机、香水、衣服等的时候，那么他们首先会想到的就是在购物网站的首页直接进行站内的关键字搜索。所以，站内搜索是买家最容易接触到网店待售商品的地方。

1. 充分利用关键词

卖家如果想利用站内搜索提高宝贝曝光率的话，那么商品标题中的关键词组合则是十分重要的。只有充分利用了关键词，才能让买家第一时间搜索到你的宝贝信息。在进行商品关键词组合时一定要避免出现下列问题：

①商品属性不明确，不能让人一目了然。看了名字都不知道卖的是什么，因此也就难以吸引到潜在买家了。

②名字太短，没有充分利用30个字符的空间。事实上，商品名字越短，那么它所包含的关键词也就越少，被搜到的概率也就越小。

③没有设置描述产品的热门关键字，这样是很难被买家发现的。

④没有店铺名称或是品牌，这样对买家没有提示作用，也无法让买家方便地记住小店的基本信息。

2. 发布商品有技巧

掌握好发布商品的技巧，会给你带来意想不到的好效果。因为很多买家在买东西时都是到淘宝首页去搜索的，而淘宝一般是按照商品剩余时间从少到多来排列的。另外，买家搜索时，一般是按价格从低到高的顺序搜索，而且只会去看前面几页。因此，卖家一定要掌握好发布商品的技巧，一切以让顾客看到为重。

①确定发布商品的天数。在一些网店上，发布天数往往有7天和14天两种供卖家选择，有些不了解情况的卖家往往会选择14天。殊不知，这是一个极大的误区，因为在淘宝搜索上，那些发布天数越短的商品排名越靠前，如果你选择了14天，那就会排在最后了，从而会大大降低你的商品被浏览到的概率。

②对于每天商品上架的时间也要把握好。比如，如果你选在早上6点到9点、中午12点到14点或晚上10点以后来发宝贝，那么效果就不会太明显。因为这些时间段，大多数人都在休息，很少会有人上网。最好的时间段是在下午和晚上，因为白天很多人都要上班，到了晚上才有时间上网，寻找自己所需的商品。

③最好每天都有新商品上架，至少要连续上7天。因为淘宝上的商品一般是按照剩余时间从少到多来排列的，如果你连续7天都有商品上架，那么7天后的每天前几页都会有你的商品。这样就有机会让更多的买家看到你的商品，从而销售量也就有可能逐渐提高。

五、加入网店联盟

网店联盟就是指某一个城市的网店卖家或者某一类商品的网店卖家自由组成的联盟。卖家若要加入网店联盟，一般需要先向网站提出申请，得到许可以后就可以加入了。联盟的盟主会定期举行聚会或是经验交流活动，因此，通过网店联盟，新手卖家可以认识很多有经验的卖主，还可以学到很多相关的店铺经营知识。因此，对于卖家来说加入网店联盟是个不错的选择。

六、电子邮件广告推广

通过电子邮件做店铺推广是一种非常有效的广告方式，因为电子邮件是现代网民们常用的一种网络工具。

1. 邮件的基本类型

（1）客户联系邮件

网店店主可以邀请自己的客户提交他们的电子邮件地址，以便定期或不定期地向顾客发送本店的宣传函和推广服务说明。

（2）特殊提醒邮件

这类邮件主要是在一些特殊的日期对顾客进行适当提醒，让他们来你的小店浏览、消费。比如，经营鲜花、礼品类的网店可以在情人节前夕，给潜在顾客发一些提醒性的电子邮件。

2. 群发还是针对性发送

电子邮件是选择群发还是针对不同的顾客进行针对性的发送？这是电子邮件推广能否成功的一个关键因素。

事实上大多数网店都适合群发电子邮件，这将使更多的目标顾客接收到网店的最新商品及折扣信息。那么，什么情况下适合针对性地发送邮件呢？精品购物类网店（如 NIKE MINI、婚戒钻石网店、限量版在线商城等）就比较适合这一种，这类网店经营产品的突出特点是价值较高、竞争商品很少甚至是独一无二的。限量版对于收藏爱好者、钻石戒指对于婚龄男女都是一种比较硬性的需求，因为这都是一些高质量的潜在顾客，因此要选择那些有需求的潜在客户进行邮件通知，这样他们前来消费的可能性较大。

3. 邮件内容很关键

并不是所有的邮件都能吸引潜在顾客的注意，只有那些包含最实惠的信息、独一无二产品的推广邮件才能抓住顾客的眼球。

4. 不要为了广告而推广

做电子邮件宣传，最重要的一点是卖家的手中要有大量朋友或者潜在客户的邮件地址。卖家收集到的潜在客户的邮件地址越多，网店宣传范围就越广。换句话说，也就是卖家可以用电子邮件来通知这些人访问自己的网店，所以说，发送的推广邮件越多，那么店铺被浏览的可能性就越大。

但这并不是说，只要发了电子邮件广告，就一定会获得好的效果。其实，效果再好的广告方式也不能乱用。否则，不但起不了好的作用，还会起反作用。

因为广告本身很容易让接收者反感，所以卖家在使用这个方法进行广告推广的时候，千万不要夸大其词，也不要用欺诈性的言语进行宣传，一定要把广告的内容和语言都做得很吸引人，而且要简明扼要，最重要的一点是内容一定要真实。

七、网络即时通信工具推广

现在网络上有很多非常方便的即时通信工具，如QQ、微信、MSN、阿里旺旺等。不少网络卖家的生意之所以做得非常成功，除了商品好以外，还与他们对QQ或者阿里旺旺等即时通信工具的合理利用有着密不可分的关系。

1. 妙用阿里旺旺

在淘宝上，绝大多数卖家是通过阿里旺旺来交流的，卖家在使用阿里旺旺和顾客沟通时，要注意以下事项：

①在阿里旺旺上和顾客对话，应该尽量使用活泼生动的语气，不要语气生硬，也不要让顾客感觉到你在怠慢他。有顾客光临时，应该使用快捷语言回复，快捷语应该事先设置好，例如“欢迎您光临××网店，请问有什么可能帮您”“我是网店的客服××，能够为您解答问题是我的荣幸”等，以让顾客在第一时间就能感觉到网店的专业。

②如果暂时离开，可以设置“自动回复”，这样就不至于让顾客觉得被冷落，也可以在自动回复中加上一些自己的话语。

③尽量使用完整客气的句子来表达，比如在告诉顾客不能讲价时，应该尽量避免直截了当地说“不讲价”，而是礼貌而客气地表达这个意思，“对不起，我们店商品都是一口价，都不讲价的”。在说这些话的时候可以搭配上一些可爱调皮的表情，别小看那些表情，有些表情要比得上很多句解释性的话语。

④如果没有合适语言来回复顾客，就可以用“呵呵”“哈哈”等语气词进行回复，另外也可以使用一些阿里旺旺中的表情。

⑤另外，还可以通过阿里旺旺的设置为店铺的促销产品做宣传，比如可在状态设置中写一些优惠措施、节假日提醒、推荐商品等。

2. 利用QQ、MSN等即时聊天工具

①卖家不在线或离开的时候，在状态设置和个人资料设置上要多下工夫。对于MSN，就可以把状态设置为自己的店铺广告，例如有的卖家就把自己的MSN状态设置为“欢迎您的光临”；对于QQ，则可以把个人资料设置为自己的店铺介绍，因为那些想跟你聊天的顾客，都会通过查看你的个人资料来了解你，这样无意之中就达到为自己宣传的目的了。

②卖家如果很忙不在线的话，还可以把状态设置为自动回复，这样不但可以避免买家受到冷遇，还可以暂时安抚并且留住买家的脚步，甚至有可能会引起买家的兴致，让买家在你的小店里流连忘返。但是，不管在哪里添加店铺信息或者广告信息，都一定要使用简明扼要、设计优美、一目了然的广告语言，千万不要使用冗长拖沓、表达不清甚至低俗不堪的话语，因为那样只会让顾客非常反感。

③卖家还可以采取主动出击的推广方式，也就是主动使用QQ、MSN等工具给顾客发送广告。不过使用这一招，卖家一定要把握好分寸，因为这样很容易让人心生厌烦之意。如果一不小心被人投诉，那就不好了。因

此，使用这招一定要慎之又慎，不然就会“偷鸡不成反蚀把米”。如果你认为自己的众多好友或是顾客们肯定都能很高兴地接收自己的广告信息，那你就可以对他们采取信息群发功能，这样就可以在几分钟之内轻松发送大量的广告信息给你的潜在顾客们。

八、“病毒式”营销策略

新手卖家看到这个方法的时候，或许会感到惊讶。其实，“病毒式”的营销方法并非让卖家去传播病毒，而是利用人们的主动传播，让自己的广告信息能够像病毒一样扩散，从而达到有效推广的目的。

从本质上说，“病毒式”营销是在为顾客提供有价值的免费服务的同时，附加上一定的推广信息。常用的方式包括免费电子书、免费软件、免费 Flash 作品、免费贺卡、免费邮箱、免费即时聊天工具等，可以为用户获取信息、使用网络服务、娱乐等带来方便。

之所以称它为“病毒”，是因为这种宣传方式就像病毒一样，有着顽强的生命力，它的传播广度和深度如同病毒的传播性能，是任何东西都无可比拟的。

一般来说，这种方法与传统的干扰式营销策略是相对的。传统的干扰式营销方式通常是那些财大气粗的商家，采用狂轰滥炸的方式进行广告营销，这种干扰式营销是很容易引起客户反感的。

相反，网络上病毒式营销方式讲究的是悄悄改变商家和客户的关系，最后大家都在没有任何感觉的情况下被“感染”，已然分不清楚谁是商家谁是客户了。

1. 病毒式营销的要素

（1）提供有价值的产品或服务

在营销人员的词汇中，“免费”一直是最有效的词语。比如，很多卖家会在顾客购买了产品后提供一些有价值的免费赠品或一些免费服务。

（2）提供让别人毫不费力的传播方式

病毒在容易传染的情况下才会传播，因此，携带营销信息的媒体必须易于复制和传递，如电子邮件、图表、软件下载、网站、电子书等。在节日来临的时候，通过QQ、MSN、电子邮件等工具向顾客朋友们发出一份祝福。节日里，大家都很高兴收到来自朋友的祝福，同时也会转发给身边的朋友，这样一个病毒式的营销就产生了。

（3）信息很容易从小向大快速扩散

在进行病毒式营销之前，卖家要做好充分准备，以应对将会突然大量增加的顾客，以免货源不足而影响了信誉。

（4）利用公共的积极性和行为

要充分利用人们的驱动力，如喜欢名牌、渴望被理解、梦想成功等，正是各种各样的驱动力，在驱使着人们去做各种事。

（5）利用现有的沟通网络

现代社会，每个人都生活在一定的网络中，每个人都有自己的关系网络，处于网络中的有亲人、朋友、同事等。因此，卖家就可以把自己有吸引力、有价值且易于传播的商品信息置于人们现实的网络之中，以使其迅速扩散出去。

（6）利用别人的资源

比如一篇好的帖子、一则新闻可能被转载很多次，甚至被期刊引用。想办法让别人来转发你的营销信息，就是一种最好的病毒式营销。

2. 病毒式营销的注意事项

病毒式推广方法如果使用得当，完全可以用非常低廉的代价取得非常显著的效果。可如何才能恰当地使用这种方法，并且将其发挥到极致呢？在具体推广时，要注意以下几点要求：

①不要直接发布纯广告信息，这样很容易让顾客产生厌烦心理。

②产品要实用，价格要低廉。否则，即使再多的人浏览到你的店铺，

他们也不会购买你的产品。

③不要欺骗你的客户。网上交易最忌欺骗，除非你想做一锤子买卖。

④做好服务。良好的售前、售中、售后服务，才能赢得顾客的心，才能得到更多的忠实顾客。

第二节 网店的传统宣传方法

卖家在网店的宣传推广中，不要太狭隘，不要只着眼于各种网络推广方式，对于传统的网下推广宣传方式也要很好地加以利用。

一、印制传统广告

印制并发放广告也是网店可以采用的一种推广方式。这也是一种很典型的传统广告方式，商家可以大量印刷自己店铺的宣传单，然后亲自或者雇人到各处去分发。但看起来这种方式似乎并不太适合网店的宣传，因为它的涉及范围有限，针对性不强。

其实，网络卖家大可以走出这些思维定式，在传统广告宣传上走出一条非传统的道路来。比如，可以把自己网店的相关广告信息印刷在精美的日历上、地图上、红包上或者精美的纪念品上，当然更可以印在商品包装上，以吸引回头客。

丽丽开了一家网上礼品店，生意很红火。不论是淡季还是旺季，她的小店里的生意一直很好，似乎全年都是旺季。

原来，丽丽有她的独门经营暗器：在旺季销售的时候，她都会随单赠送很多印制精美的小台历，当然，这些小台历上面都印有丽丽的网店地址和商品图片。这些精美的商品图片都是她从店中众多图片中精心挑选出来的，非常吸引人。

顾客们收到赠送的精美台历，自然会感到很惊喜，于是就会把这些小台历摆放于家中桌面上，或者摆放于办公室桌面上，既可以查阅日历，又可以用来欣赏。而且，这些台历还不仅仅是顾客一个人在看，他们周围的亲友同事也都可能看到，这样，当这些人要订购礼品的时候，肯定第一个想到的就是丽丽的店。

除此之外，丽丽还印制了很多带有自己店铺宣传信息的红包。不过，这些红包里的打折券只能在淡季的几个月里使用。由于打折幅度大，很多收到打折券的顾客都会在淡季时购买很多自己一年中有可能需要的礼品，然后收藏起来，以便需要时用。

就是这不太起眼的小广告，给丽丽带来了大量的生意。可以说，这两招是她网店生意兴隆的秘诀。

二、扩大日常交际面，多派发名片

有很多卖家也许会认为，网店交易都是在网上进行的，卖家和买家基本上都没有机会见到对方，做名片岂不是浪费成本吗？殊不知，网店虽然是开在网上，但大家还是可以通过邮递方式进行联系，因此，在邮寄商品的时候，就可以把自己设计精美、个性十足的名片夹在商品中，说不定就能起到很好的宣传作用。

而且在印刷了名片之后，店主们还可以在日常生活中，在与人交往时递送出去，随时随地来宣传自己的店铺。甚至可以在同学通讯录里面发出宣传和邀请，在同学聚会时发出自己的宣传名片，既可以让同学朋友分享自己的开店乐趣，又可以为小店增添人气，说不定还可以做成几单生意，何乐而不为呢？

如果卖家同时还有实体店，也可以将名片放在实体店里，供顾客随意拿取。这样一来，这些实体店的顾客就很可能会成为你的网店的潜在顾客。

名片的形式可以是多种多样的，不一定非要印在卡片上面。店主可以灵活设计自己的名片，可以将它印在纸杯上、手绢上、毛巾上、圆珠笔上、钥匙链上、包包上、雨伞上、记事本上甚至T恤衫上等众多地方，然后再作为礼品赠送给顾客或潜在顾客，将会收到更好的宣传效果。

当然，名片载体的选用具体可以根据你所经营的商品价格来定。如果商品利润很低，就可以选择一些价廉的名片载体；如果商品利润很高，店主就可以选择一些精美的名片载体。但不论价格高与低，千万不要选择做工粗糙的东西。因为那样不但起不到好的作用，还会影响店铺形象。

总之，对于名片这种小物件，如果能利用得当，也能带来意想不到的宣传效果。

三、积累口碑

店铺宣传中效果最好的一种方法，要算得上是口碑宣传了，但这一招可不是有钱就能买到的，它需要店主用心去做生意，用物美价廉的商品和优质的服务与顾客建立起良好的关系，不但使已有顾客成为回头客，还要让他们自愿成为店铺的义务宣传员。

对于一个新店来说，卖家要从自己身边的每一个人做起。首先，在自己的家人朋友中进行宣传。因为假如你告诉了十个人，这些人又会去告诉他们的亲戚朋友，一传十、十传百，过不了多久，就会有很多人知道你的网店了。

第三节 从买家需求出发进行宣传推广

网店宣传推广的目的就是打动买家的心，让买家进入网店购买店铺的商品。这就需要网店从买家需求出发，以买家的角度进行店铺宣传推广，让店铺的宣传推广信息直达买家心中，让买家有印象，并主动进入店铺了解、购买商品。网店该怎么从买家需求出发进行宣传推广呢？

一、满足买家心理需求的宣传推广

买家购买商品就是为了满足自己的心理需求，比如买个手机套是为了保护手机、让手机变美、与别人的手机区分开来、彰显个性时尚等，这些都是买家购买手机套的心理需求，了解到这些需求之后，在店铺宝贝描述中重点突出店铺商品能够满足这些需求，让看到宝贝描述的买家对店铺商品心动，促进买家购买商品。

二、满足买家价格需求的宣传推广

买家的需求摆在那里，但是能满足买家需求的网上店铺却有成千上万个，怎么才能让买家从这么多的网店中找到你的店铺，让买家进入你的店铺购买商品，就需要从满足买家价格需求出发进行宣传推广。满足买家价格需求进行宣传推广，又可以从两方面去做。一方面就是从网店内部进行折扣促销宣传，如折扣促销、买一送一、VIP 阶梯价格、满额返现等，用优惠的价格、精美的礼品等来打动买家，满足买家价格需求，促进买家购买。另一方面，网店外部宣传推广通过试用营销，以免费试用吸引买家，刺激买家想要得到店铺商品的欲望，满足买家 0 元得到商品的需求，让买家自动进入店铺查看商品，让得到试用商品的买家亲身体验商品之后还会购买店铺商品，没有得到试用品的买家看到试用买家的试用报告之后，也会去购买店铺商品。

三、满足买家需求，让买家主动帮助网店进行口碑传播

网店在满足了买家心理及价格需求之后，促使买家购买店铺的商品，而往往买家的分享与推荐更容易获得其他潜在买家的共鸣，促进其他潜在买家也到店铺购买商品。那么怎么做才能让买家向其他目标顾客推荐？

（1）个性化的服务

包括个性化的发货、收货短信提醒、个性化的客服用语、个性化的包装包裹、个性化的赠品。让顾客觉得这家店非常有意思，要让朋友看看。

（2）分享有奖

向将网店商品的使用心得分享到微博、SNS等平台的买家赠送优惠券，让买家主动帮助宣传分享。让买家主动帮助网店进行口碑传播的最有效的方法就是进行试用营销，通过发布试用活动，把部分店铺商品发放给买家免费体验，以获得买家试用报告，让买家将店铺商品分享到微博、博客、美丽说等平台，帮助网店树立好口碑并扩大口碑分享传播。

以上三点就是从买家需求出发而做的店铺宣传推广方案，每一步都满足了消费者的需求，从买家需求出发进行宣传推广，效果更好，目标更精准，店铺经营才会更好。

第六章

网上交易，如何安全支付

越来越多的网上交易，引起了交易方式的变化，本章比较网上交易的不同支付方式，看看哪种支付方式比较适合现在的网店卖家及客户，哪种支付方式是最好的和最安全的。

第一节 网上银行支付方式

网上银行，包含两层含义：其一是机构上的概念，是指通过互联网开办业务的银行；其二是业务上的概念，是指银行通过信息网络提供的金融服务，包括传统银行业务和伴随着信息技术应用而来的新兴业务。人们日常提及的网上银行，更多的是第二个层次的概念，即网上银行服务的概念。网上银行业务不仅仅是传统银行产品简单的向网上的转移，而是其服务方式和内涵也都随之发生了相应的变化。

一、什么是网上银行

网上银行，又称网络银行、在线银行，是指银行利用互联网技术，通过互联网向客户提供开户、销户、查询、对账、行内转账、跨行转账、信贷、网上证券、投资理财等传统服务项目，使客户足不出户就能够安全便捷地管理活期和定期存款、支票、信用卡及个人投资等。可以说，网上银行是在互联网上的一个虚拟银行柜台。

由于充分借助了现代网络技术，网上银行又被称为“3A 银行”，因为它不受时间、空间限制，能够在任何时间（Anytime）、任何地点（Anywhere）、以任何方式（Anyhow）为客户提供金融服务。

网上银行支付是指买家通过登录自己的网上银行账户（已开通网上银行业务的账号）向商家银行账户（无论是否开通网上业务的账户，都可以接收）进行汇款的一种支付方式。事实上，这种支付方式和在 ATM 机上进行自动转账是一样的道理，只不过借助的是能够上网的电脑而已。

对于网上买家来说，要想使用网上银行支付，则必须先要办理开通网上银行申请手续。另外，对于卖家尽管不需要开通网上业务，就可以收到买家的货款。但是，建议卖家最好还是去开通常用银行的网上银行业务，这样能够方便交易和查询。

二、网上银行支付的注意事项

网上银行支付方式相对其他支付方式，能够为用户省去很多前往银行以及等候的时间，从而为网上交易带来了极大的方便。但同时，网上银行支付也存在着一定的安全隐患，如密码被盗进而导致账户内存款被盗取等。但这些只是个例，只要用户平时多加留心，基本上是可以避免的。

1. 设置恰当的密码

在设置相关支付密码时，要使它真正发挥出保密的功能，不要随意设置，也尽量不要用出生年月、电话号码等易猜数字作为密码。网上银行的密码不宜与在柜台、ATM 机、自助银行、电话银行等场所使用的密码重复，登录密码和支付密码也不能相同。这样，即使登录密码被窃，由于盗取者不知道支付密码，那么他也只能办理账户查询等一般业务，账户资金也就无法划转，从而能够确保账户资金的安全。

2. 在进行交易时要谨慎操作

在网上银行的使用协议中，银行方面往往要求客户方在输入网上银行交易信息时必须准确无误，否则对于造成的损失，银行方概不负责。因此，在办理资金转账、网上汇款等自助业务时，卖家一定要对汇入账号认真核对，并且要注意账号中不能出现空格，以免出现错误。

3. 要及时查对交易清单，并定期对账

由于银行在传输交易信息时，会出现信息堵塞或意外出错的情况，而导致交易不成功，甚至会出现重复交易划款的现象。因此，卖家在每次交易完成之后，都要及时调出交易清单加以核对，以免出现意外。如果出现划账错误，应及时前往银行营业柜台去做相应的处理。

另外，在利用网上银行办理转账和支付等业务时，卖家要随时做好记录，定期查看“历史交易明细”等操作选项，并于月末或季末打印出网上银行业务的对账单，以便及时发现因网络故障、操作失误、银行记账串户等原因造成的账务差错，并及时予以处理、纠正。

4. 谨防病毒攻击

目前，网上有一些不法分子经常使用木马等病毒盗取网上交易系统的交易账户和密码，被盗的账户存在被人恶意操纵的可能。为了避免相关信息被盗，卖家在计算机上一定要安装杀毒软件和防火墙，在使用网上银行之前要注意开启病毒实时监控系统，输入密码应尽可能使用软键盘。另外，要定期给电脑杀毒，同时警惕各种电子邮件链接，不要轻易打开。

5. 退出网上银行账户时要注意

很多用户在登录网上银行账户，使用完毕后，往往都是直接关闭网页了事，事实上，这样做存在着极大的安全隐患，特别是在网吧、办公室或其他公用电脑上使用时。因为若有其他人再接着使用那台电脑，那么他们也能够进入你的账户，并可进行相应的交易操作。而要避免这种风险，其实也很简单，那就是在使用完毕后，一定要点击系统提供的“退出”，这样才能安全退出网上银行账户。

第二节 第三方网上支付方式

第三方网上支付平台相当于一个信用中介人的角色，连接着网上的卖家与买家。这种交易的基本流程是：买家在网上选定要购买的商品后，将货款支付给第三方的网上支付平台，支付平台收到货款后通知卖家发货，等买家收到商品后给出确认信息，第三方网上支付平台就会将货款转入卖家的账户中。

在上述整个交易过程中货款都是寄存在第三方网上支付平台这个“中

介人”处的，因此买家就不必担心自己付款以后卖家不发货，而卖家也不用担心发货以后买家不付款，就如买家在淘宝网、拍拍网等购物网站上购物，收到商品并确认商品没有质量问题，发出付款请求后，卖家才能收到货款是一样的道理。

当前，随着第三方网上支付平台应用范围的扩大，在不少 B2C 网上商城购物也可以通过第三方支付平台进行付款，甚至订机票、交水电费、信用卡还款、网上买基金等都可以通过第三方网上支付平台来进行。

在当前主流的第三方网上支付平台中，支付宝、财付通、安付通和微信支付是最为人所熟知的。这几种支付平台主要是依托自有购物网站发展起来的综合性支付平台，它们是目前第三方网上支付市场的主力军。此外，也有一些其他的购物网站与上述几大网上支付平台签约，买家可以通过它们来完成支付，因此综合性的第三方网上支付平台的应用范围更为广泛。

支付宝、财付通、安付通和微信支付这四大网上支付平台中，卖家最常用的要属支付宝和财付通，另外后起之秀的微信支付也逐渐流行了起来。

目前，使用量最大的一个支付平台就是我们熟悉的支付宝，数据调查显示：支付宝占据了第三方支付工具的半壁江山。支付宝是我国比较早的一类网上支付方式，其和很多网站都有联合，使用起来十分方便，几乎任何购物网站都可以交易。

除了上述依附在购物网站旗下的第三方支付平台外，还有一些独立的第三方网上支付平台，如快钱、易宝支付（YeePay）、环迅支付、网银在线、首信易支付等，这类支付平台尽管缺少自有购物网站的支持，但也都有一些独到的优势。而且与综合性支付平台相比，它们的支付业务也各具特色，比如快钱的生活类支付业务丰富，环迅支付的网游支付业务支持种类较多，首信易支付开展了不少支付返现的优惠活动……不得不提的一个第三方网上支付平台是 ChinaPay，这是中国银联旗下的电子支付平台，ChinaPay 拥有的银行资源是最为丰富的，通过中国银联的平台，用户可以选择不同的银行卡进行网上支付。

一、支付宝

支付宝是全球领先的第三方支付平台，成立于 2004 年 12 月，致力于为用户提供“简单、安全、快速”的支付解决方案。旗下有“支付宝”与“支付宝钱包”两个独立品牌。自 2014 年第二季度开始成为当前全球最大的移动支付厂商。

支付宝主要提供支付及理财服务，交易范围包括网购担保交易、网络支付、转账、信用卡还款、手机充值、水电煤缴费、个人理财等多个领域。在进入移动支付领域后，为零售百货、电影院线、连锁商超和出租车等多个行业提供服务，还推出了余额宝等理财服务。

支付宝与国内外 180 多家银行以及 VISA、MasterCard 国际组织等机构建立战略合作关系，成为金融机构在电子支付领域最为信任的合作伙伴。

支付宝公司上级主管部门为中国人民银行。2011 年，支付宝获得了由中国人民银行颁发的国内第一张《支付业务许可证》。目前，支付宝及其他业务正在筹建小微金服集团，与阿里巴巴集团为关联公司关系。

支付宝作为国内最大的第三方网上支付平台，目前除淘宝网和阿里巴巴外，支持使用支付宝交易服务的商家已经超过 46 万家，涵盖了虚拟游戏、数码通信、商业服务、机票等行业。这些商家在享受支付宝服务的同时，更是拥有了一个极具潜力的消费市场。

1. 买家使用支付宝的优势

①货款先支付给支付宝保管，等收货满意后才付钱给卖家，安全放心。

②不用跑到银行汇款，通过网上在线支付，方便简单。

③付款成功后，卖家立刻发货，快速高效。

④交易手续费全免，经济实惠，不仅节省了时间，还节省了去银行办理相关手续的费用。

2. 卖家使用支付宝的优势

①无须随时去银行查账，通过支付宝就可以即时了解买家的付款情况，省力又省时。

②账目分明，支付宝的交易管理会帮你清晰地记录每一笔交易的详细信息，一目了然。

③支付宝认证同时也是卖家信誉的有效体现。

3. 支付宝支持的银行

（1）国有商业银行

国家开发银行、中国工商银行、中国农业银行、中国银行、中国建设银行、中国邮政储蓄银行、交通银行。

（2）全国性股份制商业银行

招商银行、浦发银行、兴业银行、华夏银行、广东发展银行、中国民生银行、中信银行、中国光大银行、恒丰银行、浙商银行、渤海银行、平安银行。

（3）外资银行

东亚银行、韩亚银行、渣打银行。

（4）区域性银行

上海农商银行、玉溪市商业银行、北京银行、广东农村信用社联合社等。

二、安付通

安付通是由易趣网联合中国工商银行、中国建设银行、招商银行和银联电子支付服务有限公司而开发的一种促进网上安全交易的支付手段，与淘宝网的支付宝类似。网上买家可以通过安付通放心地付钱给素未谋面的网络卖家，因为易趣在交易过程中自始至终充当值得信赖的第三方并且控制付款流程。买家收到物品后决定是否将货款支付给卖家，而易趣会严格遵照买家意愿和安付通的流程规定实施放款。

1. 安付通是由易趣担当货款保管人的交易工具

使用安付通，买家验货满意后才通知易趣放款给卖家，安全有保障。安付通特别适用于网络购物新手或者价值超过人民币 2000 元的在线商品。易趣“安付通保障基金”对于安付通交易提供全额保障，交易多少保障多少，让您无任何后顾之忧。

安付通作为一种安全的网上支付工具，不论对于卖家还是买家都有着很大的益处。

2. 安付通的操作步骤

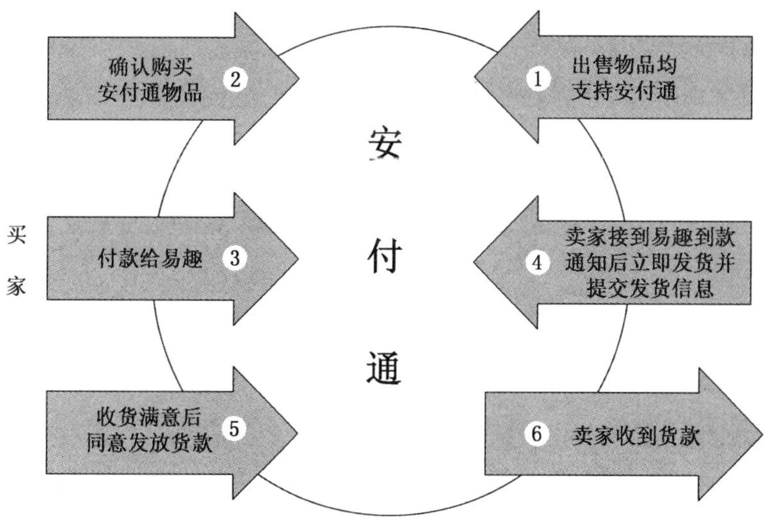

图 6－1　安付通的操作步骤

3. 安付通的支付流程

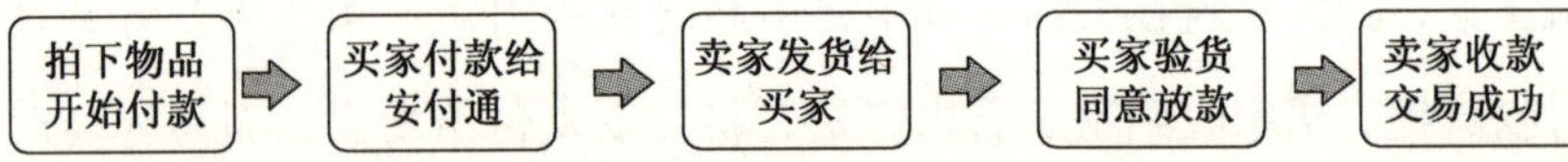

图 6－2 安付通的支付流程

4. 安付通支持的银行

中国工商银行、招商银行、中国建设银行、中国农业银行、中国民生银行、中国银行、交通银行、平安银行、兴业银行、北京银行、中信银行、浦发银行、顺德信用社、上海农商银行、广州商业银行、广州农村信用合作联社。

三、财付通

财付通是腾讯公司于 2005 年 9 月正式推出的专业的在线支付平台，致力于为互联网用户和企业提供安全、便捷、专业的在线支付服务。财付通已经构建了全新的综合支付平台，业务覆盖到了 B2B、B2C 和 C2C 各领域，能够提供卓越的网上支付及清算服务。针对个人用户，财付通则提供了包括在线充值、提现、支付、交易管理等丰富功能；针对企业用户，财付通能够提供安全可靠的支付清算服务和极富特色的 QQ 营销资源支持。

1. 财付通的交易流程

财付通是一个专业的在线支付平台，其核心业务是帮助在互联网上进行交易的双方完成支付和收款。

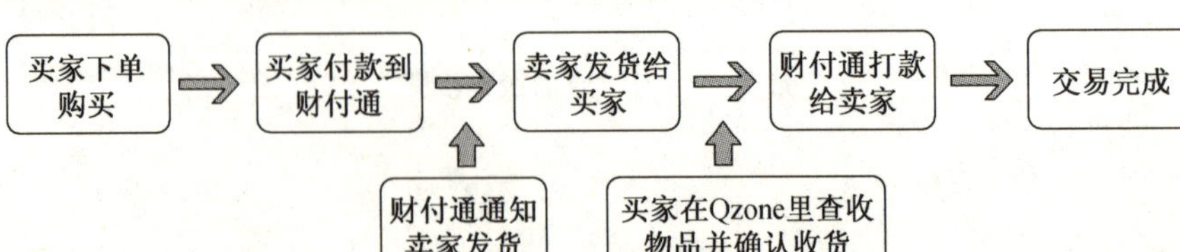

图 6－3 财付通的交易流程

用户使用财付通完成在线交易的详细流程如下：

①网上买家和卖家分别开通自己的网上银行，拥有自己的网上银行账户。

②买家和卖家登录财付通网站，开通自己的财付通账户。

③买家向自己的财付通账户充值。资金从网上银行账户划拨到自己的财付通账户。

④买家登录卖家网上商店，选择商品，确认购买数量和金额，随后输入财付通账户，确认支付。买家财付通账户中的应付账款随之被冻结。

⑤等待卖家发货。买家此时可以点击“交易管理”查看交易状态。

⑥财付通向卖家发出发货通知。

⑦卖家收到通知后根据买家地址发送货物。

⑧买家收到货物后，登录财付通确认收货，同意财付通划款给卖家。

⑨财付通将买家财付通账户冻结的应付账款转到卖家财付通账户。

⑩卖家确认收款。

⑪买家与卖家相互进行评价。

2. 财付通合作银行

中国工商银行、中国农业银行、中国银行、中国建设银行、招商银行、浦发银行、中国邮政储蓄银行、农村信用合作社、中国银联、平安银行、广东发展银行、中国民生银行、兴业银行、北京银行、广州市商业银行、深圳农村商业银行、交通银行、光大银行。

第三节 货到付款

货到付款是一些电子商务网站和快递公司联合推出的一种为服务网上购物而打造的支付模式。货到付款的操作方式基本是这样的：顾客在网上订购了某件商品，卖家确认订单后，通过快递公司将货物送到顾客手里，或通知顾客到指定地点取货，等商品送到顾客手里或顾客取到货后，并经确认无误后，将相关款项当面付给快递人员或在指定地点取货时进行付款。由快递公司代收的买家货款，之后会通过双方协议的方式再转到卖家账户里去。货到付款通常适用于那些“B2C”网上购物，如京东商城、当当网、亚马逊、红孩子等购物网站都有货到付款服务。目前一些“C2C”网站也开始相继推出了货到付款服务，如淘宝网等。

一、货到付款支付方式分析

货到付款对于众多普通网络卖家来说，是一种更适合消费者的支付方式，因此有必要对其基本情况有一个详细的了解。

1. 如何申请货到付款业务

货到付款支付方式的一个关键环节在于快递公司，而且这种支付方式对快递公司来说存在着一定的风险，因此，普通卖家在向快递公司申请货到付款时需要先向对方支付一定的押金。通常来说，价格在1000元以下的商品需要缴纳50元的押金，超过1000元的货物则需缴纳100元的押金。这种押金一般是在买主签收商品付款时，由快递公司直接从货款中扣除。

2. 货到付款的优劣势

货到付款支付方式首先是降低了顾客的购物风险，大大保障了买家的利益，而卖家在采取这种支付方式后，由于打消了顾客的后顾之忧，也能在很大程度上促进商品的销售，提高成交量。当然，卖家也要因此而承担一部分风险，如顾客拒收、退货等。而且，卖家还需要向快递公司缴纳一定的押金和服务费，在一定程度上增加了成本，进而会变相地抬高商品的售价或是降低利润空间。

除此之外，卖家还要面临一个重大风险隐患——快递公司，因为快递公司和卖家之间通常采取的都是按月结算货款，这样一来，就导致快递公司手里握有很多卖家的货款，而且数量可观。因此，如果快递公司出现意外情况甚至突然销声匿迹时，那么卖家无疑要承受极为惨重的损失。

二、淘宝网的货到付款

淘宝网在2009年8月宣布，与多家快递公司达成合作协议，正式在淘宝网全网推行货到付款。据淘宝网介绍，在这种新型的付款方式下，买家无须通过网上银行，就可直接在淘宝网上拍下带有货到付款标示的商品。然后由快递公司将商品送到买家手里，经过验收后，买家直接付款给快递公司，快递公司再与支付宝结算，支付宝最后再返款给卖家。

淘宝网规定，所有参与货到付款的卖家必须是商城卖家，或加入消费者保障计划的卖家。而买家如果在交易成功后的14天内发现商品有问题，就可以通过“保障卡”向消保投诉，并申请赔付。

1. 货到付款的购买及业务流程

①购买：顾客将要购买的商品加入购物车。

②选择：顾客选择货到付款的支付方式，并确认订单。

③发货：卖家确认订单后发货，等待物流公司上门取货。

④派送：物流公司上门揽件，进行派送。

⑤签收：顾客收货验收，确认无误后，当面付款给物流公司的送货人员。

⑥结算：物流公司与支付宝进行结算，支付宝再将货款划入卖家账户。

⑦评价：交易完成。

2. 买家验货之后的不满意处理

货到付款支持当面验货，验货以后，如果商品质量有问题，或者不符合商品描述，买家有权拒签。同时，货到付款服务也支持7天无理由退换货，买家收到货后7天之内，可以申请7天无理由退换货，或申请其他售后服务。

需要注意的是，如果买家拒收货物，卖家需要承担往返运费，对于恶意拒收者，淘宝网会将买家 ID 和手机号码加入黑名单，并给予严厉处罚。

3. 货到付款支付方式成功的几个关键点

①快递公司要负责处理买家的验货。在整个操作环节中，快递公司可以说起着非常重要的作用，交易能不能完成的一个重要因素就是对买家验货的处理。因此，快递公司要站在卖家的立场上，尽量保证交易的完成。

②淘宝网与快递公司的合作，这是货到付款能不能够成功的基础，只有淘宝找到主流的快递公司，并形成良好的合作关系，快递公司帮助完成验货、确认等事宜，才能保证交易顺利快速完成。

③淘宝、支付宝平台的中介作用。在货到付款情况下，淘宝支付宝平台相比以前的交易模式，需要承担更多的责任，包括签约主流的快递公司、在货款没有到账的情况下提前支付给卖家货款并保证卖家的资金回流速度，以及处理大量的与快递公司的财务关系。

第四节　银行汇款

在网上交易中，有很多没有开通网上银行，也没有第三方支付工具账号的用户，往往会在交易中采取直接到银行柜台给卖家汇款或转账的方式进行付费。这对于卖家来说，是一种求之不得的理想付款方式，当然，在这种情况下，顾客一般要承担较大的风险。因此，为了打消顾客的顾虑，卖家一定要以诚待客，千万不能有任何欺骗顾客的行为。

一、各银行汇款方式、手续费

各银行的汇款方式、手续费及到账时间都各不相同，作为卖家有必要去做一个大致的了解，具体情况见各大银行的网站。

二、各银行的缺点

每家银行都有自己的特色，也都有自己的缺点，卖家要根据实际情况去做选择。

1. 中国农业银行

①中国农业银行的汇款分为无卡汇款和汇款两种。无卡汇款无须办理银行卡，直接拿现金汇到指定银行卡上即可。但目前大多数农行网点在使用无卡汇款时，无法确认收款人姓名，所以万一填错卡号，就可能导致款汇到其他人账号上，需要将款重新划出，而且还要得到收款人的确认，非常麻烦。

②另外，在晚上 8 点后到第二天早上 8 点，无法进行网上汇款。

2. 招商银行

①如果汇款金额低于 500 元，那么招商银行的手续费相对于其他银行是最高的。

②通过网上银行汇款时，如接收方为同行汇款，需要点击“同行速汇”，否则将统一按 10 元收费。所以，如果忘了点击该项内容，将会产生较高的手续费。

3. 中国建设银行

①在中国建设银行汇款，汇款方必须持有建行储蓄卡。如果没有储蓄卡，需要先花 10 元手续费办理建设银行的龙卡。

②尽管汇款最快在 2 个小时内即可到账，但收款方当天却无法查询到账明细。

4. 中国工商银行

①中国工商银行通常人比较多，大中城市的工商银行都需要排队，办理时间较长。

②网上银行周末和节假日无法汇款。

5. 交通银行

交通银行最大的特点是可以自动在汇款中扣手续费，甚至可以汇款方、收款方分担手续费。但交通银行也存在一个最大的缺点，那就是网点少，办起业务来很不方便。

6. 中国银行

在周末和节假日，大多数中国银行的网点都会休息，也不利于卖家办理相关业务。

7. 中国光大银行

中国光大银行的覆盖区域比较少，因此很多地区也就无法通过该银行来办理相关汇款业务。

第五节　其他网上交易支付方式

除了上述主要的网上交易支付方式外，还有一些不常用的支付方式，如邮政汇款支付和手机支付等。卖家对此也应有一个基本了解，以便在个别顾客需要采取这些支付方式时，能够做到有备无患。

一、邮政汇款支付

中国邮政储蓄银行网点众多，遍布全国各地，与其他银行相比，有着无与伦比的优势，特别是一些银行网点缺乏的偏远乡镇，能够更好地满足当地用户的需要。

1. 邮政汇款

邮政汇款分普通汇款和电报汇款两种。

①普通汇款的手续费率为1%，但每笔汇款最低费用为2元，即不足

200元的汇款每笔也要收取2元，最高为50元。

②电报汇款，在上述标准基础上每件加收2元的电报费，汇款人如需简短附言，那么每字收0.13元的附言电报费。电报汇款的收费标准与普通汇款相同。

2. 转账交易

（1）转账交易限额

①行内单笔转账大额申请最低金额为5万元。

②当日行内转账累计限额为100万元。

③每日ATM转账累计限额为10万元。

④ATM单笔转账限额为10万元。

⑤当日跨行转账累计限额为10万元。

⑥跨县（市）异地卡窗口取款当日最高限额20万元。

⑦ATM当日最高取款限额5000元，ATM单笔最高取款限额2000元。

⑧ATM上办理转账单笔限额5000元（含），当日累计限额5000元（含）。

（2）手续费收取方式

账户到账户转账异地交易手续费收取方式为转出账户扣收；现金到账户转账异地交易手续费收取方式为现金收取。

（3）手续费收取标准

跨省异地转账和省内跨地区转账按每笔转账金额的0.5%收取，最低2元，最高50元。跨市县转账及同市县转账不收取手续费。

二、手机支付

手机支付也称移动支付（Mobile Payment），是指允许移动用户使用其移动终端（通常是手机）对所消费的商品或服务进行账务支付的一种服务方式。继卡类支付、网络支付后，手机支付俨然成为新宠。2010年4月工信部科技司在“2010第二届中国移动支付产业论坛”上透露，工信部有关部门正在着手小额手机支付标准的研究制订工作。

1. 手机支付的作用

手机支付是支付方式发展的一种必然趋势，其推广和应用对于商户、服务提供商和消费者具有以下三点作用：

（1）对于商户而言，手机支付将为自身业务的开展提供没有空间和时间障碍的便捷支付体系，在加速支付效率、降低运营成本的同时也降低了目标用户群的消费门槛，有助于进一步构建多元化的营销模式，进一步提升整体营销效果。

（2）从服务提供商角度来看，在完成规模化推广并与传统以及移动互联网相关产业结合后，手机支付所具备的独特优势和广阔的发展前景将为服务提供商带来巨大的经济效益。

（3）对许多消费者来说，手机支付使得支付资金携带更加方便，消费过程更加便捷简单，消除了支付障碍之后，可以更好地尝试许多新的消费模式，同时如果配以适当的管理机制和技术管控，支付资金的安全性也会得到进一步提高。

尽管手机支付优势明显，应用前景非常广阔，但据易观国际调研数据显示，由于对安全问题的担忧和缺乏吸引力较强的支付应用，用户对手机支付业务的使用率还处于较低水平，为进一步推进手机支付产业的迅速发展，相关服务提供商必须在手机支付业务的资金安全、产业链构建和商业模式等多个方面进行优化改进。

2. 手机支付的支付方式

手机支付主要有以下三种支付方式。

（1）手机话费支付费用。通过手机账单收取，用户在支付其手机账单的同时支付了这一费用，在该方式中，移动运营商为用户提供了信用，但这种代收费的方式使得电信运营商有超范围经营金融业务之嫌，因此其范围仅限于下载手机铃声等有限业务，交易额度受限。

（2）指定绑定银行支付费用。从用户开通的电话银行账户（即借记账户）或信用卡账户中扣除，在该方式中，手机只是一个简单的信息通道，将用户的银行账号或信用卡号与其手机号连接起来，如果更换手机号则需要到开户行做变更。

（3）银联快捷支付。无绑定手机支付，个人用户无须在银行开通手机支付功能，即可实现各种带有银联标识的借记卡进行支付，采用双信道通信方式进行通信，非同步传输，更加安全快捷。

目前，对于网络卖家来说，由于移动服务收取的手续费比较高，因此卖家要充分考虑到成本问题。

网店成功案例

曾经的小白领，如今的淘宝店主

经营化妆品网店的筱筱，是淘宝网上的钻石卖家，她的网店每月净利润在8000元以上。在这之前，筱筱还是个时尚的白领，拿着让人羡慕的高薪。

当时，每天上班之后，为了打发无聊的时间，筱筱就渐渐地迷上了网络。女为悦己者容——这话一点不假，筱筱上网之后做的第一件事，就是学习怎样从网上购买衣服和化妆品。就这样，一名忠实而又熟练的网上购物者从此诞生了。

可筱筱并没有止步于此，她很快就有了一种要把自己的闲置物品搬到网上来卖的冲动。自称不愿甘于现状的筱筱说干就干，把自己的“库存宝贝”搬到了网络上来卖。

这个有野心、有胆量的女孩，由于待人热情、勤恳，很快就拥有了一批老顾客。筱筱考虑到闲置物品不能长期销售，而她此时已经对网上销售产生了极大的兴趣，为了将生意做下去，她开始进行市场调查。

经过精心的市场调查，筱筱发现网上经营化妆品的利润很高，销量很大，不过为了稳妥起见，筱筱认为销售知名化妆品的风险最小。

第一，知名产品的质量有保证，而且售后服务有保证。如果顾客出现过敏等不良反应，可以由厂家来负责解决。

第二，知名厂家的产品进货渠道严谨、正规，不会出现被骗的情况。

第三，消费者对知名产品的认可度、信赖度都非常好，如果自己的售价比实体店里便宜，就可以做到薄利多销。

有了这些细致入微的市场分析，筱筱做出了一个让所有人都大跌眼镜的决定——从公司辞职，并将自己多年来积攒下的两万元积蓄投入到了网店的筹建和经营当中。她首先委托一家网页制作公司为自己精心打造了一间精美的化妆品店，为了指导大家正确选择化妆品，她还在网上放了很多化妆品选购方面的常识性文章。

接下来，她就开始联系进货厂家。最后，经过多次筛选，她选择了一家全国知名的化妆品，打算进行品牌经营。可大厂家、大品牌也有自己的大脾气——每次进货不得少于一万元。

筱筱有些犹豫了，一次进那么多货，自己又没有销售方面的经验，如果积压住，自己将会亏损得很厉害。可转念一想，这样进货虽然总的投资比较大，但商品丰富，而且每款商品的进价都很低。

权衡利弊之后，筱筱就决定大胆进货。

网店里商品销售量的大小，很大程度上会受到商品照片的影响，筱筱自然不敢怠慢。她通过朋友介绍，找到了当地一位小有名气的摄影师朋友，请他帮忙为自己的商品进行拍照。

做好这些之后，筱筱就静等顾客的光临了。可谁知道，她又碰到了一个难题，店铺点击率很低。原来，在网上购物的消费者不敢轻易在没有等级与好评的店铺购买商品，害怕上当。

经过几天的思考，筱筱想出了一个办法：找熟人帮忙，假成交，获得好评与等级。接下来，筱筱就开始四处请朋友帮忙，然后通过这种方法，快速提升自己店铺的等级。一个月下来，虽然没有任何利润收成，但是却已经有了一定的等级和好评。

对于支付方式，筱筱除了采取各种如支付宝之类的安全支付方式外，还根据买家的情况灵活变通。比如，对于那些没有开通支付宝等安全支付工具的买家，她就接受对方直接汇款或银行转账，而且这种支付方式对买家来说通常有一定的风险，而筱筱则始终提醒自己要以诚信待客、及时发货的方式来对待这些买家，为了应对各种顾客，她在一些常见银行都开通了账户；另外，对一些近圈的顾客，她有时也会在保证安全的前提下，亲自前去送货，并采取货到付款的交易方式……总之，对支付方式的灵活掌握，让筱筱抓住了很多本来难以成交的机会。

打通了各个环节，筱筱的生意就顺利多了，由每天都能接到几份订单，到后来每天接到十几份、几十份订单，生意做得越来越好。

可是，由于进货量大，即使每天几十单生意，业务量也依然显得有限，于是筱筱想出了批发兼零售的办法，进行多角度销售。

开始了批发生意，店里的销量一下就加大了很多。不到半年，一万元的商品几乎全部卖完。筱筱又开始了第二次进货，这次进货，她没有按照上次的价格，而是与厂家进行了商谈，最后，厂家给出的价格比第一次低了不少。

拿到了低价货，筱筱马上让利顾客，给批发商和零售顾客的价格打了九折。结果没几个月，这些化妆品竟然再度销售一空。

厂家看到筱筱是个优质客户，于是主动提出签订长期低价供货合同，每次给筱筱最低价供货。筱筱的生意走上了良性循环的道路。

第七章

如何与合作伙伴——物流公司搞好关系

网店离不开物流公司，因为毕竟你的宝贝都得有人送到消费者的手中，这样你才能拿到钱，否则再好的商品无人帮你快递，那也等于是纸上谈兵。相信很多网店卖家也是在跟不同物流快递公司多次合作以后才选定了最终的长期合作伙伴，其实不同地区、不同商品对网店选择怎样的物流公司进行合作都会有一定影响。无论是同传统大物流公司还是同小型物流公司合作，都要先跟所在地区（片）的业务员搞好关系，另外，在和小公司合作的时候，也要注意商品到达的时间、质量等是否能达到网购者的满意程度，毕竟顾客的口碑也是很重要的，不要在物流环节因小失大！

第一节 发货前的注意事项

顾客下订单后，到将商品交由物流公司发送前，还要经历配货和包装两个环节。这些工作都需要卖家及时做好，不要因此而耽误了货物配送。

一、商品配货

顾客下订单后，卖家要保证及时、准确地予以配货，以保证顾客能在约定的时间内收到订购的商品。

1. 配货的注意事项

（1）正确挑选，不要发错货

卖家在确认收到顾客的订单后，首先要做的就是将买家购买的商品准确地挑选出来。配货这个环节看似简单，但如果不够留心的话，发错货的情况还是时有发生的。因此，在配货时，卖家不能够单纯地凭记忆去找货，而是应该严格对照买家订单上的商品型号、款式、颜色等规格，进行准确配货。

（2）避免出现漏配的情况

在配货中，一些粗心的卖家往往会出现漏配等情况，特别是在商品含有众多附件、配件时，如手机，就可能会有说明书、保修卡、电池、充电器、贴膜、小挂件等配件配饰。另外，在买家同时订购多件商品时，也容易出现漏配的情况。当然，要避免出现漏配的情况也并不是一件难事，只要卖家仔细对照订单上的商品及配件详情，一一去仔细备货即可。

（3）把好商品质量关

卖家在配货时，为了保证买家的利益，同时也为了省去后期的麻烦，并维护自己小店的信誉，一定要注意严把商品质量关，绝不能让任何一件有瑕疵、有质量问题的商品流入到顾客手中。

2. 影响配货的因素

卖家在配货时，能否在第一时间配货，要受众多因素的影响，特别是在下列特殊情况下，更可能会导致配货的延迟，因此，卖家此时千万不要向顾客承诺什么，并向对方说明情况，以便为自己留下退路。

①顾客所订购的产品类别比较多，产品相对分散。

②在订单确定以后、产品发货以前，顾客又突然要求变更产品构成及比例的。

③订单数量较多。

④买家订购的是大件商品。

⑤法定节假日和周末。这种情况主要是受员工休息、工作人员轮休等因素的影响，而导致配货周期的推迟。

二、商品包装材料

对卖家来说，其网店中出售的商品，即使再简单，也都要经过包装才能送达顾客手中。在配货完成以后，下一个环节就是对商品的包装。包装不可避免地要用到各种包装材料，常用包装材料如下。

1. 外包装材料

外包装一般有以下四种。

（1）纸箱

纸箱是使用比较普遍的一种包装材料，其优点是安全性较好，价格便宜，可以有效地保护物品，但中间需填充一些报纸或纸屑来对外界冲撞产生缓冲作用，这样同时也增加了重量，运费也就相应增加了。

（2）布袋或编织袋

寄包裹时是可以用袋装的，而且材料也没有限制，常用材料有棉布和尼龙材料的布袋，当然能够防水就更好了。卖家需要注意的是，布袋的缝线是需要自己来做的。布袋和编织袋具有成本低、重量轻的优点，可以节省一点运费；缺点是对物品的保护性比较差，只能用来包装那些质地柔软、耐压耐摔的物品。

（3）泡泡袋

泡泡袋的优点除了价格相对较低、重量轻之外，而且防止挤压的效果非常好，对物品的保护性相对也就比较强，适用于包装那些本身有硬质外包装（如礼盒、光盘盒）、体积较小、扁平形状的物品。

（4）牛皮纸

牛皮纸的优点和泡泡袋差不多，但防挤压性较差，比较适用于包装那些本身有硬质外包装（如礼盒、鞋盒），体积不是特别大的物品以及比较厚重的书籍。

2. 内包装材料

大部分商品，特别是贵重商品本身往往都带有内包装，对于这些商品，在发货时直接将它们放入相应的外包装中就行了。但另外还有一些商品，如化妆品、书籍、小饰品、服装、易碎物品等，还需要给商品加上一层贴身的内包装，然后才能放入外包装中。

商品内包装最常用的一种材料是自封袋，自封袋是用聚乙烯（LDPE）制成的一种密封袋，是一种绿色产品，坚韧耐用。主要用于产品包装，存放食品、饰品、药品、化妆品、冷冻食品、邮品等，能够很好地防潮、防水、防虫、防止东西散落，而且还可以重复使用，轻轻一按便会密封得严严实实，无毒无味，柔韧性好，封合随意，非常方便。

3. 填充保护材料

商品被放入相应的外包装中，在商品和外包装之间通常都会存在着一定的空隙，这种缝隙的存在，会增加商品在运输途中被损坏的风险。为了避免商品在运输途中因颠簸、震荡而损坏，就需要在上述缝隙中填充一定的保护材料。作为保护材料的填充物主要有泡沫塑料、气泡膜、珍珠棉、纸板或废旧报纸等。

三、特殊商品的包装

卖家在发货时，对一些需要特殊保护的商品，应该区别对待，千万不要因包装不当而损坏了商品。

1. 容易脏污的商品

这里主要是指衣服、皮包、鞋子等。对这类物品，可以用不同种类的纸张单独包住商品以防脏污，像牛皮纸、白纸等，如果要采用报纸的话，里面要加一层塑料袋。对于不规则的商品，如皮包等，可用胶带预先封口，并用纸包住手提袋，然后再用胶带固定，以减少磨损。

在包装衣服时，要先用塑料袋装好，再装入防水防染色的包裹里。用布袋包装服装时，最好使用白色棉布或其他干净、整洁的布，因为这样给人的感觉最好。另外，对于布袋的缝合也应做到细心美观，不要粗枝大叶、敷衍了事。

2. 液体类产品

液体类产品主要是指各类化妆品，由于化妆品大部分是霜状、乳状、水质的，并且多为玻璃瓶包装。所以除了要保证包装结实，确保不易破碎外，还要注意防止液体的渗漏。

3. 易碎物品

这里主要是指一些水晶、玻璃制品。对易碎商品的包装要格外注意，常用的包装材料有气泡袋、报纸、泡沫、纸箱、胶带。具体包装步骤为：

首先，对于少量物品的包装（少量物品的包装最容易损坏），应先将商品用气泡袋包裹三层，这样做主要是为了防止商品遭受挤压。

其次，将气泡袋裹好的商品用胶带绑紧，以固定商品，这样做主要是为了防止运输途中，商品和商品之间出现摩擦，如果没有绑好，那么商品之间就可能会由于摩擦而致使其刮花、碎裂。

最后，将泡沫割得和纸箱一样长，厚度为2.5~3cm，放在纸箱的底和边侧，再把整张报纸用手揉成一团，把商品放进去，边上空隙都塞紧，最上面再放几团报纸和一块与纸箱口一样大小的泡沫，然后用胶带封好。这样，商品就不会轻易破碎了。

第二节 EMS——中国邮政配送

几乎每个卖家都有过通过邮局发货的经历，有的卖家认为邮局配送价格并不低，甚至比快递的费用还要高；有的卖家则认为邮局配送很便宜，而且网点众多，使用起来很方便，安全指数也比较高。

事实上，通过邮局进行配送有很多小窍门，如果你掌握了，就可以省下不少钱，如果没能摸透，可能真的会比特快专递还要贵。下面就让我们对邮局的配送业务进行一个仔细的分析。

一、特快专递

EMS（Express Mail Service，全球邮政特快专递）是由各国邮政联合创办，由万国邮政联盟统一指定名称和标志，是当今世界最快捷、最安全传递各类紧急信函、文件资料、货样物品等实物的邮政业务。

由于各国邮政均为国家经营，并受国家法律保护，因此客户交寄的特快邮件无论寄往何处，只要标有“EMS”专用标志，在民航、海关及邮政内部各环节均可享受优先待遇，即优先运输、优先报关、优先处理，这样就使得 EMS 邮件的传递得到充分的保证。

我国自 1980 年开办 EMS 业务以来，通过二十余年的发展，目前，我国的 EMS 邮件可以送达世界 200 多个国家和地区，国内 2000 多个大中城市。

1. 办理邮政特快专递的方式

①卖家办理特快专递，可以前往中国邮政营业网点填写“特快专递邮件详情单”后在柜台办理。

②拨打中国邮政专用的快速服务电话“185”，对方就会派人上门来取。

③卖家也可以在网上下单，只是这种方式的反馈时效性不是太好，会有一定的滞后性。

2. 特快专递资费标准

①起重500克及500克以下，资费20元。

②500克以上每续重500克或不足500克，都将收取续重费。

③续重资费实行分区计费，根据途中距离的远近，划分为不同的区域，收费也各不相同，详情可登录EMS官方网查阅。

需要注意的是，各省省内续重资费一般执行一区（1500千米及以内）资费标准，另外，也可由各省、自治区、直辖市邮政局根据自身情况来定。

④邮政特快专递在投递的过程中，根据投递的距离，由一地发往其他各省之间的续重资费标准也是各不相同的，是根据各省市的距离远近来定的，详情可登录EMS官方网查阅。

二、次晨达业务

次晨达是指在指定的开办范围内，当天收寄的EMS邮件，在次日中午11：00前就能完成投递的邮政特快专递业务。次晨达业务是中国邮政EMS业务的子品牌，全国统一品牌、统一标识。为了吸引顾客，中国邮政还向社会作出了“限时未达，原银奉还”的服务承诺。

1. 区域内的次晨达业务

（1）开通范围

目前，国内开通次晨达业务的地区有长江三角洲、环渤海区域、珠江三角洲、东北区域、川渝区域的主要城市。

(2) 收寄标准

收寄对象为5千克以下的文件和物品类邮件，珠江三角洲地区则为30千克以下的文件和物品类邮件。

(3) 资费标准

长江三角洲区域、环渤海区域、东北区域、川渝区域的次晨达业务资费：起重500克，20元，每续重500克，另加6元。另外，每件另加收5元特殊服务费。

珠江三角洲区域的次晨达业务资费：起重500克，16元，每续重500克，另加2元。

2. 跨区域次晨达业务

(1) 开通范围

开通跨区域次晨达业务的城市有北京、上海、天津、南京、苏州、无锡、杭州、广州、深圳、东莞、佛山、中山、珠海、沈阳、大连、福州、厦门、青岛、武汉、江门、海口、成都22个城市。

(2) 收寄时间

周一至周五（周六、日及法定节假日不办理）。

(3) 资费标准

起重500克，50元，每续重500克及其零数加收10元（其中环渤海区域与珠江三角洲地区间互寄的加收15元）。

三、国内快递包裹业务

国内快递包裹业务，是一种服务水平介于普通包裹和特快专递包裹之间的包裹寄递业务。

1. 送货速度

快递包裹在传递时限上虽然不及特快专递邮件，但在邮件发运上由于增加了封发频次，与普通包裹比，传递速度还是快了许多，一般情况下省会城市之间只需4~6天内即可寄达。

2. 办理方式

快递包裹业务在收寄服务方式上有两种：一是用户可以直接到邮局营业网点办理，二是由邮局上门揽收。

3. 收寄标准

快递包裹业务在准寄范围和开办范围上与普通包裹业务相同，但对每件快递包裹的限重放宽至40千克，高于特快专递和普通包裹邮件。最大体积以能装入二号邮袋为准，最小尺寸同国内普通包裹。内件为脆弱易碎、流质易溶物品的最大重量限度为10千克。

四、国内邮件、包裹尺寸、重量标准

在通过中国邮政发送货物时，网络卖家需要注意的是，中国邮政对邮件和包裹的尺寸、重量都有着明确的规定，对这些规定卖家应做事先了解，这样才不至于因尺寸、重量不达标而无法将商品及时发送出去。

五、e邮宝

e邮宝是中国邮政速递服务公司与支付宝联合打造的一款国内经济型速递业务，专为国内个人电子商务所设计，开始采用全程陆运模式，其价格较普通EMS有大幅度下降，大致为EMS的一半，但其享有的中转环境和服务与EMS几乎完全相同，而且一些空运中的禁运品将也可能被e邮宝所接受。从2009年开始，e邮宝又开始采用全程空运模式，只有液体、膏状物体等特殊物品才采用陆运模式。

1. e邮宝

e邮宝的省际起重资费为首重1000克，收费15元。各省内以及江浙沪地区互寄和京津地区互寄的起重资费更是低至10元。当然续费标准要根据距离的远近来定。

2. 资费标准

重庆：起重1000克，6元，续重费用为1元/千克。

江浙沪皖、粤闽、江津冀、山东、江西、鄂湘、山西、河南、陕西、四川：起重1000克，10元，续重费用为1元/千克。

辽宁、吉林、黑龙江：起重1000克，12元，续重费用为1元/千克。

宁夏、甘肃、贵州、广西、云南、内蒙古、海南：起重1000克，14元，续重费用为3元/千克。

青海、新疆、西藏：起重1000克，16元，续重费用为3元/千克。

另外每件加1元钱的面单费。

3. 收寄制度

e邮宝业务暂时不能提供实时响应的服务，而是每天按两个批次进行响应，也就是说当天上午5：00～11：30下单的用户，邮政工作人员将在当天下午联系用户并且取件；中午11：30～次日5：00下单的用户，邮政工作人员将在次日上午联系用户并且取件。

第三节　如何寻找适合自己的快递公司

目前，随着商务活动往来的频繁及各种交易活动的急剧增加，形形色色的快递公司如雨后春笋般涌现了出来，他们也满足了网上卖家的多方面需求。

一、快递公司的主要类型

1. 国际快递公司

国际快递公司主要是在全球范围内综合运用空运、海运和陆运等方式来承运货物运输，这类快递公司实力雄厚，如国际四大快递公司，都分别拥有数百架飞机、上万辆运输车，并拥有大量专业快递人员。在国内，基本上只有中国邮政的特快专递在做国际业务。当前，全球范围内主要的国际性快递公司有 FedEx 联邦快递（美国）、DHL 敦豪国际快递（德国）、UPS 联合包裹（美国）、TNT 快递（荷兰）。

2. 国内快递公司

国内快递公司主要是指在国内承揽城市之间快递业务的公司，规模相对较大。国内主要的快递公司有中铁快递、宅急送、小红马、安信达、申通、汇通、圆通、中通、快捷、顺丰、中邦等。

3. 同城快递

同城快递公司只做一个城市内部的快递业务，这类公司规模往往都不大、人员较少，运作模式也很简单。有的同城快递公司只要有一部电话、一辆自行车和一两名快递人员就可以上马招揽生意了。目前，这种形式的快递市场竞争激烈。

二、如何与快递公司打交道

对于很多新手网店卖家来说，物流配送是一个关键的问题。如何从良莠不齐的快递公司中选择适合自己的快递公司，是每个新手卖家所关心的问题，因为合适的快递不仅可以节省时间成本，也可以节省销售成本，对于小本经营的网上开店新手来说无疑是需要特别重视的一个环节。

1. 根据自己的需求来选择快递公司

卖家在选择快递公司时，不可盲目从众，首先要看自己最看重的快递服务是什么，然后再对号入座，合适的才是最好的。

（1）看重价格的

对于很多新手网店卖家来说，其实考虑最多的还是成本问题。因此，对于那些较为看重价格的卖家来说，最好选择规模较小、收费低廉的小型快递公司。

（2）看重速度的

快递速度快慢不仅对商品质量有影响（如食品、鲜花），而且也直接影响到网店的生意和资金回收效率及买家的评价，现实中也有不少卖家因为快递原因而遭到了买家的中差评。卖家需要考虑的速度包括快递公司业务员上门取件的速度、物品送达客户手中的速度等多方面。

（3）以覆盖网点为选择

网上做生意，买家是遍布全国甚至是全球各地的，如果卖家选择的快递公司营业网点比较少，那么有些偏远的地方就可能送达不到，或者运费会很高。当然，考虑到快递公司覆盖网点的往往都是那些做到一定规模、生意较好的网店。因此，卖家特别是在当自己的店铺做到一定名气的卖家，顾客遍布每一个角落时，就更应该考虑快递的覆盖网点问题。

（4）以物品大小及贵重程度来选择

对于大件商品，一般应选择中铁快运。运送贵重物品则可以选择 EMS 或顺丰，而且贵重物品一定要选择保价。

2. 选择快递公司的注意事项

（1）尽量使用通过总公司开设分公司方式拓展业务的快递公司

目前，快递公司拓展网络的方式主要有两种：

一种是通过总公司开设分公司的方式来拓展网络。这种公司的管理方式通常比较规范，不会轻易出现下面的网点做出有损总公司形象和信誉的行为。通过这种方式拓展网络的快递公司主要是北京的宅急送、广东的顺丰等。

另一种是通过加盟的方式来拓展网络，也就是说快递总公司下面的很多站点都是加盟商。这种类型的公司对卖家来说存在着一定的风险，如果总公司急于拓展网络而对加盟的条件定得比较宽松，或对下面加盟的站点管理得不够规范的话，就难免会有一些图谋不轨或信誉较差的站点混入其中，从而很可能出现加盟站点的人卷款逃跑或加盟站点做出有损公司信誉的行为等情况。

显然，出于安全方面的考虑，卖家最好选择第一种快递公司。

（2）选择经过正规注册的规模较大的快递公司

市场上有很多快递公司都是未经过正规注册的，因此对于卖家来说在安全上也就没有保障。选择规模较大的快递公司，当然各方面相对也都更有保障一些，卖家可以通过以下几个方面来判断一家公司的规模大小：

第一，看看快递公司的办公室在哪里、仓库有多大、有多少员工。办公位置较好、仓库面积大、员工人数多的公司，规模相对也较大。

第二，看看快递公司每月的用单量有多大。使用快递单的数量越大，说明公司实力越强。

第三，看看快递公司的注册资金是多少。公司注册资金越多实力也就越强。

第四，看看快递公司收发快递时的交通工具是什么，是否有自己的运货车。有实力的正规快递公司一般都有自己的运货车，当然这也不是一个绝对的判断标准，有很多大型快递公司的快递员也使用电动车等交通工具。

第五，看看其公司员工是否统一着装。具有规模且正规的快递公司，其配送人员一般都会统一着装。

（3）选择口碑好的快递公司

快递公司总会和很多相关的公司和客户打交道。和快递公司有业务来往的主要是供应商、同行和客户。

供应商主要包括印刷品供应商、交通工具供应商等。如果某个快递公司口碑不好，经常拖欠供应商货款的话，那就证明它的财务和运营状况是不太可靠的。

同行主要是指与之有合作的其他快递公司。快递公司都是经常和其他快递公司有合作关系的，如果你从其他快递公司口中得知这家快递经常拖欠同行的货款，那还是多加小心了。

客户是指使用过某些快递公司的服务的公司或个人。群众的眼睛是雪亮的，一个人说这个公司差可能只是偶然的，但如果很多人都说这个公司差的话，那肯定就有问题了，对此类公司也要多加注意，尽量少来往。

（4）尽量选择赔偿金额或倍数高而且保价率低的快递公司

卖家和快递公司打交道，有的时候可能要涉及赔偿的问题。尽管这个问题很少发生，但本来卖家的利润就薄，如果再出现货物丢失的话，那就更是雪上加霜了。所以，卖家要谨慎选择快递公司，尽量选择赔偿金额或倍数高而且保价率低的快递公司。

第四节 开网店联系快递有秘籍

网上开店，一头是货源，一头是物流，搞定了货源，很多新淘宝店主又担心物流问题了，如何才能找到合适的快递公司呢？如何在物流方面节省点成本呢？要知道，节省的成本都是利润啊！但是，还不能以绝对节省成本为目标，因为快递不给力，可能要面对的是用户的退货、差评等。

那么到底如何选择一家既省钱又省心的快递公司，一直是我们大多数卖家非常关心的问题，快递公司总是会出现这样那样的问题给大家带来很多的不便和困扰，不同的快递公司的服务质量和服务理念不一样，所以同一件东西的运送也有千差万别，这就要求卖家根据买家不同的需要及自己产品的特性选择不同的快递，在我们选择快递之前，要做到十个尽量：

①尽量选择有经营实力的快递公司。

②尽量选择电子商务“网购”平台推荐的快递公司。

③尽量了解业内哪些快递公司的口碑较好。

④尽量使用网点比较多的快递公司。

⑤尽量选择快递业务员素质相对较高的快递公司。

⑥尽量使用快递单用纸质量比较好的快递公司。

⑦尽量使用有胶带包着快递单或快递单最后一联是不干胶的快递公司。

⑧尽量根据不同的情况选择不同的快递公司。

⑨尽量选择赔偿金额或倍数高而且保价率低的快递公司。

⑩尽量选择能提供运单与正规发票的快递公司。

再者，除了以上十个尽量以外，还必须掌握以下内容。

一、弄清有哪些快递公司

如果你经常在网上购物，是一个购物狂，那么，你一定知道圆通、申通、韵达、顺丰等快递公司，甚至对他们的服务特点都有所了解，在购物的时候，如果采用某些特别的快递，店主要让你加钱，就是因为快递服务不同，比如有的快递是24小时内送达。

当然，如果你不那么“败家”，不经常在网上购物，那么你也可以先在网上搜索一下你所熟悉的快递公司。首先要知道有哪些快递公司，看看论坛中大家的评价，也可以问问身边的朋友，了解哪家快递公司好，哪家不好。毕竟，群众的眼睛是雪亮的。

二、找到可以合作的快递公司

前面的方法可以让大家知道有哪些快递公司，各家服务如何。但是，具体到你所在城市，你所在区域，并不是所有快递都有的，所以，接下来就再找找那些快递公司都有哪些网点，你所在的周围是否有网点，在快递公司官方网站上可以查到。在考虑选用哪家快递公司时，可以找那些离自己所在地近的网点，但这不是绝对的，因为现在几乎每家快递公司都有业务员负责某一片区域。

三、借助淘宝平台的快递

除了自己联系附近的快递公司外，在淘宝网上，还可以线上联系快递。在线下单，就是选择发货时，那里显示有哪家快递公司，就证明那些快递公司是可以送到目的地的。

这里要特别说一下“快递淘宝价”。一般来说，刚刚开始开淘宝网店的，发快递都是淘宝价格，这个价格基本上都是透明的。但是，如果您发货之前不留意一下淘宝价格，遇到不好的业务员，你就会被宰。

查淘宝快递价格，有下面几种方法：

①进入阿里旺旺主界面，点击左侧最下面的小汽车。

②依次进入“我的淘宝—我是卖家—交易管理—物流工具—运费/时效查看器”，即可查看。

③有的快递公司的在线下单的客服，提供全国区域的报价单/时效表；有的没有，就要靠我们自己去收集整理了。

以上就是关于如何找快递、物流的一些心得，总的来说包括线上和线下两种方式，开始起步阶段，一般价格可以参考“快递淘宝价”，如果做大做强了，就有资本跟快递公司谈判了，这时可以节省一点物流费用。

第五节 其他物流配送方式

卖家对于货物配送方式，要根据具体情况及顾客的需求进行灵活选择，没有必要完全拘泥于某一种配送方式。对于配送方式，只要切实可行，并且买家也同意的，在保证人身安全的前提下，都可以大胆去尝试。

一、亲自上门送货

如果卖家和顾客同在一个城市，相距又不太远的话，卖家就可以为顾客提供上门送货的服务，这样不但可以省下快递费用，而且保证商品的绝对安全送达，更难能可贵的是，卖家还可以顺便认识一下买家，当面做一下沟通，说不定能够带来一个回头客，真的会多交一个好朋友。

开了一家服装网店的小高，人如其名，身高马大。他就是一个经常亲自为顾客送货上门的卖家。他在网上经营的是时尚服装，有一次，有个顾客在他的小店里买了一件服装，后来双方一聊，小高才知道原来这个顾客恰好在距离自己住处不远的一所高校。看到这位顾客还住在学校集体宿舍，再加上当时又是周末，小高心生一策，在经过和对方一番沟通后，就决定亲自上门送货。

很快，小高如约到了顾客所在的宿舍，由于是周末，很多人都待在宿舍。大家看到了同学订的货送到，于是都争先恐后地前来观看。结果，不仅那位顾客对订购的服装特别满意，而且她的几位爱美的同学也都感觉不错，并表示以后有机会也要在小高的网店购买服装。看到又多了几个潜在的客户，小高满意而归了，他总算不虚此行了。

但是，上门送货也有一定的弊端，且不说有时候卖家太忙很可能抽不出时间，而且卖家亲自送货上门，如果碰到好说话又热情的买家的话，那自然是最好不过；但如果遇到爱挑剔且素质一般的买家，他们可能就会借此机会，当着卖家的面挑剔商品，百般刁难，甚至会让卖家白跑一趟，而达不成交易。因此，送货上门也会给本来已经达成的交易徒增一些变数。

小杨经营着一家专卖婴幼儿用品的网店，他经常为顾客送货上门，并为顾客当场讲解使用要点。凭着这种热情周到的服务，小杨赢得了大量回头客，因此，他的网店生意一直非常好。

不过也有一次，小杨就遇到了不顺心的事。有一天，他接到一个电话，有个买家想要订几件货物，可上网又不方便，于是就在电话中跟他订货并且要求送货上门。小杨满口答应下来，然后精心准备好这位顾客要买的几件商品。

经过一路颠簸，小杨很快到达了目的地，满心欢喜地敲开了顾客家的门，并且像往常一样，热情地为顾客做起讲解和演示。男女主人对商品都很满意，正要付款之时，没想到孩子的奶奶出来了，她看了一眼这些东西说："这些有什么用啊，我们不买。"她又看了一眼奶粉，说道："这是不是假的啊？我们还是从超市里买吧。"

小杨看了一眼年轻夫妇，谁知夫妇俩一言不发。最后，小杨自然是白跑一趟，带着东西无功而返了。

另外，在一些极端情况下，卖家（特别是一些女性店主）在为顾客送货时还有可能会遭遇危险，发生财物被抢或者人身受到侵害的情况，所以卖家要对此予以高度注意。

淘宝店主琳琳就差点出意外。有一次，一个顾客在网上下了订单，并对琳琳说自己白天不在，要在晚上九点后才能送货，而且这位顾客说自己是个女孩子，为了确保安全，必须要女性去送货。

琳琳是个很能为对方着想的卖家，于是满口答应下来。晚上，她按照送货地址将商品送到买家门口，谁知刚敲开门，琳琳就被一个男的拽进屋中。幸好遇上了查暂住证的民警，琳琳才得以脱身，否则后果不堪设想。

从那以后，琳琳就不再为顾客提供送货上门服务，而是将这件工作交给了快递公司去做，货款直接在网上支付。虽说这样做可能失去一些喜欢送货上门、当面支付货款的买家，但也不能为了赚钱而将自己的人身安全搭上。

因此，在是否提供上门送货服务这一问题上，各卖家还要具体情况具体分析，既要保持必要的谨慎，同时也不要太担心，毕竟还是好人多。

二、通过客运车配送

如果卖家一次要发出的商品数量比较多，重量比较重，那么使用平邮、特快专递或快递的话，成本可能会非常高，这时就可以考虑使用客运车递送商品。

1. 客车托运

买家如果离卖家不远，可以使用短途客车托运货物，只是，这种客车一般会要求寄送方先付运费。另外，卖家一定要及时通知收货方去接货，并且在货物上写好电话和姓名。需要注意的是，卖家一定要记住这辆车的车牌号，可能的话，最好向他们索要一张名片。

买家如果离卖家很远，那么就可以选择长途客车来托运货物了。用这种方法托运货物，一定要货到付款，也就是收货方付款，否则那些低素质的乘务人员会两头收费。而关于运费的多少，运送之前一定要谈好，以免发生纠纷。

2. 货运业务

如果卖家要邮寄的东西非常多，也可以使用货运业务。货运业务一般价格比较便宜，一个大包很可能才几块钱，就算路途很远，也往往会在20元之内，到货时间一般根据地区不同，大多为3～15天。

这种货运公司在一般的大型批发市场周围会有很多，价格非常便宜，不过他们既不负责上门收货，也不负责上门送货，这就需要卖家将货送到相应地点，同时也需要买家去指定地点取货，相对比较麻烦。

3. 火车托运

火车托运的费用很低，在全国范围内根据到站不同价格也不同，每千克收费 1 ~3 元不等。而且速度也很快，收货人取件时用传真件和身份证领取，很方便。

第六节 货运省钱方式大 PK

对于大多单打独斗的网络卖家来说，做的都是小本生意，利润微薄，因此在成本上是能省则省。这里，为广大卖家介绍一些关于货源、物流环节上的简单而又实用的省钱方式。

一、自做纸箱

卖家都希望自己的宝贝能够完完整整地被送到买家的手里，要想达到这个目的，一个牢固的纸箱是不可少的。

纸箱一般可以分成瓦楞纸箱和无瓦楞纸箱，通常邮局里和网店里卖的都是瓦楞纸箱，瓦楞纸箱又分为三层、五层、七层甚至更多层，纸类分为 K 纸、A 纸、B 纸、C 纸。无瓦楞纸箱通常不如瓦楞纸箱结实。

如果卖家图省事，从邮局或其他地方直接购买价格较高的纸箱，就会令交易成本大大增加。要想把包装的成本降下来，卖家完全可以想方法来亲手制作既美观又结实的纸箱。如果卖家经营的是尺寸很小、怕挤压的装饰品，大可不必去邮局或者网站购买那些结实又昂贵的大箱子。

其实，邮寄这种小件商品，店主可以自制结实、美观的小包装箱，它的成本可能还不到一角钱。具体制作步骤如下：

第一步，找一个大的瓦楞纸箱，可以是装牛奶的或装饮料的，也可以是装打印纸的，或者是装饼干的。总之，只要材料很结实就可以了。

第二步，将找到的大纸箱按照装合的痕迹仔细拆开，然后根据自己商品尺寸的需要，在大纸箱上合理规划小纸箱。也就是说，将大纸箱按照自己的需要，改成尽可能多的小纸箱。

第三步，规划好之后，就要开始裁剪了，裁剪的时候一定要小心，要尽可能地裁剪整齐。然后把裁剪好的纸卡翻过来，花面朝里，里面朝外。这样可以把纸箱外的广告折叠在里面，外面只露出白色，或是卡纸本身的颜色。

第四步，用大的透明胶带粘住接缝，一定要粘结实。粘好接缝之后，如果还觉得不结实，就可以在纸箱周身绕上几圈透明胶带。

这样一个实用的纸箱就做成了，需要注意的是，纸箱尺寸不宜过大，尽量以合适装下商品又稍有空间为宜。

二、购买纸箱有诀窍

如果卖家实在没有耐心去亲手制作纸箱，或者由于业务量太大等原因，没有时间亲手制作纸箱，那么就需要去购买纸箱了。

购买纸箱也要选择购买途径，千万不要贪图省事，每次都到邮局去买那些高价的箱子。如果平时纸箱用量不大，就可以通过网上店铺购买，这里的纸箱价格通常只是邮局的1/10左右。

如果卖家的生意红火，纸箱需求量非常大，还可以选择在当地找生产厂家定制纸箱，这样不但价格便宜，而且还能够根据商品的尺寸量身定做，尺寸会非常合适。店主也可以根据个人需要在纸箱上打上合适的宣传字样，如商品的商标或者店铺的名称，以及联系电话、QQ号码等，能够给人更专业的感觉。

不过在网店中购买纸箱虽然便宜，但是邮资却很贵，整个算下来，还是省不了太多钱，这里笔者向大家推荐几种更省钱的好办法。

1. 同城购买可以自取的纸箱

网络卖家们做的大多是小本生意，利润不高，如果每个包装盒再多花几元，就让人觉得太郁闷了。其实，卖家可以搜索同城纸箱店，然后采取自取的方式，就可以省下一大笔钱。

2. 同城店铺团购纸箱

如果卖家每个月所用的纸箱数量比较小，可以采用同城掌柜团购的方式进行纸箱采购。这样，由于购买纸箱的数量巨大，商家可以将价格放到最低。

小刘是一名兼职网店卖家，每个月大约能够卖出十几单商品。由于每月出货量不大，所以他基本上都是使用邮局提供的纸箱。几个月下来，他仔细算了算，每笔生意虽然表面上看能挣些钱，但是如果扣除邮资和去邮局的车票钱，利润所剩无几。

真是不算不知道，一算吓一跳。小刘认为必须想个办法把成本降下来。经过仔细计算，他发现自己每次生意的利润大头都付给了邮局，看来节流必须要从邮局做起。

于是他改变了过去从邮局购买寄送单、邮票和纸箱的习惯，开始从网店里采购各种低价打折的寄送单、邮票和几毛钱一个的纸箱。呵呵，功夫不负有心人啊，果然少花了不少钱。

然而小刘并不满足，他觉得每次纸箱的单价都很低，可纸箱的邮资却很贵，长年累月这也是一笔不小的开支。

最后，他想出一个办法，跟同城的店主搞团购，加大纸箱订货量，然后直接到工厂去订做。说干就干，于是就在网上发了一个帖子，没想到响应者很多，才三天时间就凑足了几千只纸箱。

大家积极联系纸箱制造商，最后，跟厂家达成一致，以每个纸箱一角三分的价格订了长期供货合同。到后来，小刘不但在网上经营各类商品，还兼职经营纸箱。

三、将快递成本降下来

快递费用的节省主要表现在两方面：一是压低快递价格，二是降低快递的材料成本。快递的价格不是一成不变的，快递公司给出的价格其实是还有商量的余地，可以通过下面几个方法把价格压低：

①要直接找下面的业务员砍价，不要找那些接电话的前台服务人员。

②如果你在某个公司上班的话，那么就可以和快递公司的业务员说自己的公司每个月都有很多快递要发，给对方造成一种自己是他们的大客户这样一种假象，这样一来，价格也就好商量了。

③可以和业务员说有很多快递公司价格比他们的低，最好能举出实例来，这样更容易说服他们降价。

④ 假设他们公司的快递价原来是 10 元，你若想砍到 8 元，最好不要直接就说 8 元，你要果断一点，直接砍到 6 元左右。这样，对方即使想抬价也不好意思抬那么高了，可能最终的结果是大家互相退一步，如愿以偿地达到 8 元左右的价格。

⑤多找几家快递公司，价比三家才能发现谁的价格更低。

⑥和快递公司业务员搞好关系，关系好了，价格自然也就好商量了。

四、打折邮票

邮票分为纪念邮票、特种邮票、普通邮票等几类，通常票面定价就应该是邮票的销售价格。可由于种种原因，市场上总有大量低价打折的邮票在出售，这些邮票甚至可能会低至 4 折。通常邮票面值越大，折扣就越低。

例如，某打折邮票店的邮票报价是这样的：面值 4 元的邮票折扣后 1.9 元、面值 3 元的折扣后 1.65 元、面值 2 元的折扣后 1.1 元、面值 1 元的折扣后 0.8 元、面值 0.8 元的折扣后 0.7 元……

即使价格降到如此之低，卖家其实还有很多其他窍门可以使用。举个例子，如果平邮一件商品需要3.8元，那么店主可能会选择一张3元的邮票，外加一张0.8元的，这样根据上面的折扣，实际花销将会是：1.65 + 0.7 = 2.35元。但是，如果直接贴上一张4元的邮票的话，这样折后价就成了1.9元。相比之下，显然第二种方式更合适。

不过，有不少邮局营业员素质参差不齐，他们可能会对在包裹上使用特价邮票的店主百般刁难，甚至拒绝邮寄包裹。出现这种情况后，可用以下方法来应对。

1. 据理力争

如果邮政营业人员不允许在包裹上使用打折邮票，也不要退缩，而要据理力争，而且根据国家相关规定邮寄包裹是可以使用邮票的。因此，你就可以使用激烈一点的言语了：如果你不准我用邮票寄包裹，请给出理由，否则我会投诉你，我已经记下你的工号了。

通常情况下，这样问题就可以解决了。可如果你非常不顺利，碰到一个态度生硬、不好说话的营业员，你就可以再激烈一些。当着他的面拨打邮政局投诉电话11185，但注意在电话中只咨询有关政策，并不举报他。如果这时他答应为你寄送包裹，事情就可以到此为止了，可是，事情如果依然没有得到解决，你就要使用第二招了。

2. 拨打投诉电话

经过据理力争，如果对方还是不肯为你办理邮寄业务，那么就当着营业员的面拨打中国邮政局投诉电话11185，开始可以只咨询一些政策方面的问题，而不直接投诉相关的营业员。如果这一招还不见效，那么也就只好向投诉中心报出营业员的工号及姓名（柜台前一般都有标示），并且用既有修养又很气愤的口气投诉这位营业员。

第七节 防止货物丢失的方法

卖家发出的货物在运输途中丢失，一般都是出于两种情况：一是被调包，二是整件货物都被盗走。事实上，一旦遇到这种情况，卖家往往就只能吃哑巴亏。因为买家在收货的时候很可能会找人代为签收，而代签的人可能当时并没有进行仔细验货。这样一旦出现货物丢失或对不上号的现象，问题也就发生了，买家就会要求卖家重新补货或退款，而卖家却认为责任在买家，因为他没有认真验收。而那些很可能真正窃取货物的快递公司，却难以去追究他们的责任。

2008 年，小柳在淘宝网上向北京的一个卖家订购了三台数码相机，并支付了预付款，每台单价 12650 元，总价款为 37950 元。当时双方约定由小柳的母亲作为收货人，并留下了收货人地址和联系电话。两天后，卖家将三台相机包装成一个大包，包装箱四周均有“确认包装完好后签收”字样的胶带加封，并委托一家快递公司送货。在快递单正面注明了收件人“需本人签收”等字样，包裹注明重量 5.5 千克、邮费 65 元、件数 1 件、数量 1 件，而且快递单上有规定“每单货物价值不能超过 5000 元”的字样。

两天后，快递公司将货物送交给了小柳所居住小区的门卫，门卫在第二天转交给了小柳的母亲。然而，等小柳下班回家后打开货物包装时，却惊讶地发现，其中有两个小包装已被掏空，只有一台相机和三台相机的发票、说明书和三张存储卡。因相机缺失，小柳就没有按流程在网上确认收货付款，而是申请淘宝网退还货款，并且还通过网络聊天通信工具将这一情况告知了卖家。淘宝网随后将这一货款予以冻结，而卖家由于未能收到货款而将小柳告上了法庭。

因为卖家认为，根据淘宝网交易规则第 5 条的规定，如果发现分量不足或外包装损坏，买主就不能擅自打开，要及时联系卖家。

对于这一事件，律师认为卖家在网上交易平台上经营网店，有责任通过多种措施来规避风险。快递公司根据商家的委托递送物品，所以快递公司的行为责任要由商家承担，而且快递单上有“每单货物价值不能超过5000 元”字样，但小柳购买的相机价值远远超过此限额，商家本应当有相应的保障措施。包装箱四周虽有“确认包装完好后签收”的字样，但卖家委托的投递人员在送达物品时仍应当以适当方式提醒收件人认真检查。另外，作为一般货物递送管理，投递人员没有和买家指定的收件人联系，就擅自将货物放置在买家居住小区的门卫处，存在明显的过错。但小柳对邮件没有进行仔细核对检查，没及时与卖家联系就打开了包装，也存在一定过错。

但是，卖家也没有其他证据证明小柳收取了三套照相机主机和配件，应当承担举证不能的责任。商家要求小柳支付三台相机和配件的货款理由不充分，法院很难支持其主张。因此，小柳已经收取的一台照相机和配件，只应当支付相应的货款即可。

看来，碰见这样的事最终受损失的往往还是卖家，因此，卖家应该在发货前充分设想到各种可能性，并采取相应的对策来加以防范。

一、采取措施防止货物丢失

要想彻底防止货物丢失几乎是不太可能的，但卖家只要从各个细节入手，多加留心，就能将货物丢失的风险降至最低。

1. 选择邮递公司

卖家在选择快递公司的时候，一定不要只图价格便宜，要选择正规、网点遍布全国的大公司。这样的公司邮件收发量比较大，收发比较及时，邮件不容易丢失。而且管理正规的公司，每个部分分工有序，不会出现因为公司混乱而造成的包裹丢失。即使出现丢失情况，也能随时查明情况。

2. 选择包裹单上条码清晰的快递公司

包裹单上的条码就是电脑识别的包裹编号，只有编号清楚，包裹才不容易搞乱、搞丢。有些小快递公司使用的包裹单，上面的条码印刷得非常不清楚，很容易被电脑读错数据，从而造成邮件错寄或是丢失。

3. 包裹上面的邮寄地址一定要写清楚

卖家在包裹上面写收货地址的时候，千万不要像医生开药方那样，写得像天书一般。这就会造成由于投递员的误读，送错地址。

4. 贵重物品要进行保价邮寄

有的卖家可能认为，将贵重物品交给大的快递公司就可以高枕无忧了，其实不然，没有人能保证大的快递公司就一定不会丢失包裹。所以，在邮寄贵重物品时，一定要进行保价，不过要选择那些信誉好、丢失商品后索赔容易的公司。因为，卖家如果在没有信誉的公司进行保价，那么即使东西丢了，也未必能拿到应有的赔偿。

5. 进行合理包装

有些卖家在邮寄宝贝时，为了降低成本或是图省事，包装得非常不结实，轻轻一碰就开，甚至商品有可能从里边轻易掉出来，从而给人以可乘之机。

另外，在包装时还可以使用一些专用产品，如带有自己店名的胶带等，如果有人打开那就无法恢复到原样了，这样即使货物丢失，也能留下相应的证据，便于后期处理。

6. 提前提醒买家

寄出包裹之后，要及时提醒买家，在签收的时候要小心验货，如果出现商品被偷梁换柱或者被损坏的现象，签收人要在第一时间向快递人员进行投诉，并拒绝签收，同时与卖家取得联系。

二、小心签收

实际操作中，在签收的环节中还是有很多问题的，比较突出的一个问题是代签收。但是，一些快递公司在签收审查方面做得不够规范。例如，有的时候，卖家用快递给买家递送东西时，签收人不在，只好请别人代签。但在此过程中，很多快递公司都不会要求代签收者出示身份证，因此如果代签收的人冒签收人之名，就很可能导致邮件丢失。

有时候，买家会将自己的工作地址留给卖家，在这些单位中往往有收发室，这些收发室人员在代为收件的时候，不可能不经包裹主人的同意就私自拆开包裹进行检查；即使代为签收的人能够仔细检查，可也不知道包裹的主人具体购买的是什么东西，有哪些细节要求，因此，代签收会产生很多问题。

怎么解决代签收问题呢？建议卖家可以在征得买家同意后，在运单中增加一个亲自签收条款。如果收货人认为货物相当重要，可以委托托运人在亲自签收条款中打勾，快递公司必须将货物亲自送至买家本人手中，由此产生的额外费用由收件人承担。而且卖家需要特别提醒买家，在从快递员手中接到货时务必当面开包验货，在确认所购买的货物齐全并准确无误时再签收货物。

如在开包验货时发现货物丢失、损坏或不符，要拒绝签收并与当地快递公司及卖家联系，以防货物中途被偷或掉包。

如果买家已签收，即表示已准确无误地收到物品。若在签收之后，且快递员已离开后才发现货物丢失或不符，卖家将不负责任。

网店成功案例

货真价实的“小老板”

网名为栀子花的店主是个30岁的女人，她早在上大学时就向父母借了

1500 元作为启动资金，与同学一起走上了网上开店之路。“当时每个月都能够赚几百上千的，算是同学中的‘小富婆’了。”栀子花对当时的生意很满意。

经过两年的摸索，栀子花先后学会了使用数码照相、PhotoShop 软件，并且会自己设计网店的页面、编辑商品信息，本地的几家批发市场也成了她经常出没的地方。

这一切，栀子花干得是津津有味，但传统的父母却觉得这是“不务正业”。于是 2004 年大学毕业后，在父母的要求下，栀子花在某事业单位干上了一份稳定的工作，端上了“铁饭碗”。“我不喜欢按部就班的工作，而且心里也放不下自己的店铺。”于是她白天在单位工作，下班后在家还是捣鼓自己的网店，经常忙到半夜，她的辛苦和坚持终于赢得了父母的理解。

这样的状态持续了三四年，这期间栀子花还当上了妈妈，有了自己的女儿。由于工作非常忙，她很少有时间陪女儿，于是索性辞了职，专职做起了网店，并将经营重点转向了母婴用品批发兼零售。后来她独立出来，专门经营自己的外贸童装，从而成功转型为一个自由自在的女老板。

开始了专职经营后，栀子花开始不断在实践中总结经验，希望将自己的小店做大做强。

栀子花说过，由于网上交易对顾客及厂家的情况都不容易弄清楚，所以这一行都是选择先付款，后发货。付款方式主要还是银行转账为多，也有一些是直接在网上支付的，但网上支付方式到款时间较长，所以用的人不多。

由于主要是做童装批发，所以遇到较大的订单，她会要求厂家以自己的名义直接给客户发货，以减少仓储以及运输的费用。对一些批发量较小的零售商，她会自己先把货拿进来，再去找快递公司送货。一些合作时间较长，信用较好的快递公司也会代她收款。而对于网上的零售，她会委托快递公司送货，一般送一件衣服的快递费是10元，由购买者承担这笔费用。

由于业务量较大，栀子花需要经常和快递公司打交道，对于这一层关系，她也有颇多独到的见解。首先，对于经常看到的网店店主抱怨快递公司业务员素质差的问题，她认为店主注意自己的沟通技巧是可以解决的，对待他们也要像对待朋友一样，不要认为自己是客户就要大呼小叫的。业务员来取件时也可以聊聊天，说说天气情况啊，说说他们也很辛苦啊，这样他们自然会对你印象好，而且取件也会来得很快。再就是熟了以后好说话，价格方面也就好商量了。其次，对于预防快递调包的问题，栀子花认为工作人员不同快递公司的服务质量也参差不齐，难免会碰到快递物品被调包的情况。那该如何避免这种情况呢？可以从包装上下手：第一，可以选择专用包装箱，最好印上网店的名字；第二，可以选择在胶纸上印字，如印上“封口如有损坏，请勿签收”等字样，这样可以最大限度地防止快递公司调包。最后，她还特别提醒广大店主，贵重物品一定要保价并且要看清楚快递公司的保价条例，有条件的情况下最好在快递员来取件时拍下物品的装箱细节。

对于进货，栀子花认为，做童装生意是比较考眼光的，如果眼光不准，进的货就会压在自己手上，她几乎每个月会进两万元左右的货，都是她认为很值得买入的货。她说，家里有一个17平方米的大阳台已经被她彻底变成仓库了。但有时压货也不要太介意，因为潮流总是在变，有可能去年进了一批货，当时走得非常少，但第二年一开春就被客户全清了。所以她说：“我也不怎么发愁压货这个问题，实在不行，还可以找个展销会去甩货。做童装批发的没有不压货在手上的。”

正是由于对各个环节的严格把关，栀子花的网店经营得很红火，后来，她拥有了自己的工作室，还聘请了6位客户服务人员，专门承接处理网上的订单业务，栀子花成了货真价实的“小老板”。

第八章

网上想赚钱，服务先过关

顾客就是上帝，意思就是说，顾客永远没有错，即便错了也是对的，因为“上帝”是不可能犯人类错误的。把顾客比喻成上帝，其实是人类生存竞争使然。

既然顾客是商家的生存之本，那么就要好好服务了，而服务在一般人眼里无非就是客气点、耐心点、多笑点、多说点之类的，但真正高品质的服务仅此而已吗？网店尽管和现实中的实体店一样都是销售，都是把货品卖给顾客，但作为网店经营来说，却跟现实中面对面的交易大有不同之处，且更需要人性化和周全的服务。

第一节　虚拟服务，专业素质

网店卖家在做客户服务时，有的是自己亲自上阵，规模较大的网店还会设有专门的服务人员。但不管采取什么服务方式，提供客服的人员一定要熟悉网店经营的各个环节，并具备相应的专业素养，以便随时解决顾客的各种疑问。

一、顾客服务的基本能力

1. 熟悉电脑操作

服务顾客，一般不需要具备太高深的电脑技能，但需要对电脑有基本的认识，要会下列基本操作：

①熟悉基本的 Windows 操作系统。

②能够熟练使用 WORD 和 EXCEL 等办公软件。

③会收、发电子邮件。

④能够管理电子文件。

⑤熟悉网络搜索工具，并能够找到需要的资料。

⑥录入速度要快，至少应该熟练掌握一种输入法。

2. 个人品格要求

（1）诚实守信

卖家往往强调诚信，在服务顾客时，更应该坚持诚信的工作态度，诚信待客，如实回答顾客的各种问题。

（2）要具备足够的耐心

网络上的顾客和现实中的顾客一样，形形色色，什么性格的人都有。有些顾客天生谨慎，他们往往会向卖家提出各种各样的细节性问题，对于这些顾客，卖家一定要有足够的耐心，不可流露出不耐烦的情绪，对他们的问题要耐心解释，以打消客户的疑虑，促成交易。

（3）仔细认真

网店经营的商品都不可能是一两件甚至几件，很可能是数十上百件。因此，面对店铺中的众多商品，以及不同的顾客和不同的订单，在做相关服务时一定要异常仔细认真，这样才能避免出现失误。

（4）有处处为顾客着想的觉悟

卖家要站在顾客的立场上，设身处地来体会顾客的处境和需要，从而给他们提供最合适的商品和最贴心的服务。

（5）良好的自制力

自制力就是控制好自己的情绪，卖家在为顾客提供服务时，首先要有一个好的心态来面对自己的工作和顾客，不要让自己的情绪波动在顾客面前表现出来。而且，即使遇到一些态度倨傲甚至无理取闹的顾客，也不要轻易动怒，而要晓之以理、动之以情。

二、顾客服务需具备的专业知识

1. 商品知识

卖家应当对网店所经营的商品种类、材质、尺寸、用途、注意事项等有一个详细了解。最好还应当了解行业的有关知识，并对商品的使用方法、维护方法等有个大致的了解。另外，有些商品可能只适合部分人群，如化妆品，就关系到一个肤质的问题，不同的皮肤性质在选择化妆品上会有很大的差别；奶粉，特别是婴幼儿奶粉，有着严格的年龄段划分；玩具，有些玩具不适合太小的婴儿。对于这些情况，卖家都需要有一个详细的了解，并告知顾客。

2. 网站交易规则

卖家应详细了解网店的交易规则，学会查看交易详情，了解如何付款、修改价格、关闭交易、申请退款等。这样才能游刃有余地应对顾客的提问。有的时候，顾客可能第一次在网上交易，不知道该如何操作，这个时候，就需要卖家来为顾客做一些交易方式上的说明。有时还需从细节上去指导顾客如何操作。

3. 支付知识

现在在网上一般通过第三方支付平台和银行付款方式交易。顾客若选择银行转账，应建议顾客最好采取同行转账，可以网上银行付款，柜台汇款。而且在告知顾客汇款方式的时候，应详细说明是哪种银行卡、银行卡和存折的号码、户主的姓名。

卖家还应该建议顾客尽量采用支付宝等第三方支付平台付款方式完成交易，这也是为了保障顾客的利益。如果顾客由于各种原因拒绝使用支付宝交易，则需要去判断顾客确实是不方便还是有其他的考虑，如果顾客有自己的考虑，应该尽可能打消顾客的顾虑，促成安全交易；如果顾客确实不方便，则应该让顾客选择他所熟悉的银行，然后提供相应准确的银行账户，并提醒顾客付款后及时通知。

4. 物流快递知识

卖家或客服人员应详细了解不同物流快递方式的价格、速度、联系方式、查找方式。

①详细了解不同物流方式的运作方式。一般为邮寄，邮寄分为平邮（国内普通包裹）、快邮（国内快递包裹）、EMS，最好还应了解国际邮包（包括空运、空运水陆路、水路）；快递，快递分为航空快递包裹和汽运快递包裹；货运，货运分汽运和铁路运输等。

②详细了解不同物流快递方式的计价方式。

③了解不同物流快递方式的送达速度。

④了解不同物流快递方式的联系方式，最好准备一份记有各个物流快递公司联系方式的小册子，同时要了解如何查询各个物流快递单位的网点

情况。

⑤了解不同物流方式应如何查询送货情况。

⑥了解不同物流快递方式的包裹撤回、地址更改、状态查询、保价、问题件退回、代收货款、索赔的处理等。

第二节　开网店更需要沟通能力

先来看这样一则故事：

"老板，青椒辣不辣?"面对顾客的这种询问，卖青椒的往往有以下四种答案。

第一种答案：辣。

第二种答案：不辣。

第三种答案：你想要辣的还是不辣的?

第四种答案：这一堆是辣的，那一堆是不辣的，随便挑。

第一种答案的结果可能是，碰巧买青椒的顾客这两天上火，这桩买卖也就黄了。

第二种答案的结果可能是，凑巧买青椒的顾客这两天想开开胃口，这次生意也同样没能达成。

第三种答案的结果可能是，本想以销售技巧进行二选一反问，结果遇见较真的顾客，结果很难预料，这种回答的成功率是50%。

第四种答案的结果无疑是最佳的，这个答复不言而喻，其成功率几乎是100%。

对于销售辣椒的商贩来说，用什么样的言语去回答顾客的上述询问，在很大程度上决定了交易的成败。著名推销大师戴尔·卡耐基曾说：“一个人的成功，约有15%取决于知识和技术，另外的85%则取决于沟通——发表自己意见的能力和激发他人热忱的能力。”可以说，没有相应沟通能力的人将无法适应这个飞速发展的时代，而对于主要需要靠沟通来招揽生意的网络卖家来说，沟通能力就更为重要了。

一、具备端正的沟通态度

1. 礼貌服务

卖家应该给顾客留下礼貌、热情的第一印象，虽说网上与顾客交流是看不见对方的，但言语之间还是可以让对方感受到你的礼貌。如在顾客咨询时，先来一句“欢迎光临，请多多关照”或者“欢迎光临，请问有什么可以帮忙的吗”，会让顾客有一种宾至如归的亲切感。有时顾客只是随便到店里看看，卖家也要诚心地感谢人家说声“感谢光临本店”。对于彬彬有礼、礼貌热情的店主，任何顾客都不会拒绝的。另外，卖家还要注意多用一些表情来表达自己的意思，如可在说话过程中，奉送一个又一个笑脸表情，也会让顾客倍感亲切。如一个卖家所说，“两个远隔千里的人，互不了解，说话习惯和表达习惯会有很大不同。在交流过程中，又无法看到对方的表情，所以非常容易引起误会，加了表情图片，就可以让对方知道自己的心情和当时说话的语气，能够避免误会的发生”。

2. 打造优质的售后服务

当售出的商品出现问题的时候，不管是顾客的错还是快递公司的问题，都应该及时予以解决，要积极主动与客户进行沟通，而不是去回避、推脱。

3. 凡事留有余地

在与顾客沟通的过程中，尽量不要用“肯定”“保证”“绝对”等字样，而是应该给自己留有一定的余地。因为每个人在购买商品的时候都会有一种期望，如果你保证不了顾客的期望，最后就会变成顾客的失望。比如，对于化妆品，我们无法保证它们能够绝对有效；对于已经在途中的货物，我们也无法保证不出任何意外。因此，在沟通中，应使用“尽量”“努力”“争取”等字眼，不仅能够让顾客感到你的坦诚，同时也会给自己留有一点余地。

4. 处处为顾客着想，用诚心打动顾客

不要让“让顾客满意”成为一句空话，而是应该将其体现在行动中，处处为顾客着想，把自己变成顾客的一个助手。比如，卖家在发货环节可以尽量为对方争取到最低运费，可以帮助顾客所购的商品化整为零，建议顾客多样化采购同时可以节省运费。以诚感人，以心引导人，这是最有效的顾客沟通方式。

5. 学会倾听顾客的声音

当顾客前来咨询的时候，卖家并不能马上判断出顾客的来意和需求的商品，所以不应着急推荐，而需要先问清楚顾客的意图，看他们具体需要什么样的商品，是送人、自用还是送给什么样的人等。也只有在了解清楚了顾客的情况后，才能对顾客进行准确的定位，了解客户属于哪一类消费者。尽量了解顾客的需求与期待，努力做到“只介绍对的，不介绍贵的”商品给顾客。在顾客表现出犹豫不决或者不明白的时候，卖家也应该先问清楚顾客困惑的内容是什么，是哪个问题不清楚，如果顾客表述不清楚，卖家可以把自己的理解告诉顾客，问问是不是理解对了，然后针对顾客的疑惑给予相应的解答。

6. 坦诚介绍商品优点与缺点

卖家在介绍商品的时候，必须要针对产品本身的特点去介绍，不能“报喜不报忧”。虽然商品缺点本来是应该尽量避免触及的，但如果因此而造成事后客户抱怨，反而会失去信用，甚至会得到差评，那就得不偿失了。所以，对这些情况还是尽量要事先说清，在赢得顾客好感与信任的同时，也能避免日后的麻烦。

二、通过沟通揣摩顾客的心思

顾客就是网店的衣食父母，店主要做的就是了解顾客心理，捕捉顾客心理和抓住顾客心理。只有做到这些，才会受到顾客青睐，才会有交易达成。

做一个好的卖家，掌握顾客的心理其实并不难，只要在与顾客沟通的时候学会换位思考，从顾客的角度出发，相信大家都能够抓住顾客的心。

有时，卖家可能会遇到一些有特殊癖好的顾客，这就要求卖家在与之沟通的时候，多留心、多倾听对方说话。这样就可以从对方的谈话中得知顾客对于颜色、形状、气味、款式、消费等各方面的喜恶。

俗话说，言多语失。卖家在与顾客进行沟通的时候，要做到少说话、多倾听，但也不能话太少，惜字如金，那只会让顾客觉得你不够热情。

当然，卖家在网上与顾客交流的时候，无法看到对方，所以也无法准确判断对方的年龄、着装、气质等。不过，卖家在与顾客的谈话中，可以想办法通过巧妙的问答来获取相关信息，并以此来判断顾客的喜好与需求，但在进行问答沟通的过程中，一定要注意方式，不可太过简单。

对于经营服装的卖家，在回答顾客问题的时候，采取一问一答的形式，但效果一般。

顾客问：这种毛衣有几种颜色？

卖家答：共有五种，黑、白、粉、黄、蓝。

顾客问：尺寸是均码，还是有大小码？

卖家答：不是均码，各种尺寸都有。

顾客问：价格还可不可以再优惠些？

卖家答：如果是老顾客的话可以有适当优惠，或者一次买两件也可以优惠。

这样的答案，让顾客只能对商品有一个初步的简单了解，但却不足以打动顾客，除非顾客特别想买，否则成交的机会不大。

其实，卖家可以在回答这些问题的时候加入沟通感情的因素，这样效果就能好很多。有的时候，即使顾客当时不想买，但过几天之后也许会成为你的顾客。

顾客问：这种毛衣共有几种颜色？

卖家答：这种毛衣颜色很多，有经典的黑色、白色，适合各种职业人士；有那种非常时尚的淡粉色，适合年轻美女，穿着起来显得非常活泼；还有今年最流行的水果色——明黄色，这是今年新推出的主打色，适合年轻人穿着；还有一种富贵蓝色，比较适合年龄大些的女士穿着，显得时尚又沉稳。你喜欢什么颜色啊？

顾客：我喜欢淡粉色，尺码是均码，还是大小号？

卖家：这款衣服号码非常全，从155~175cm都有，你平时穿哪个码？

顾客：我平时穿的服装都是165/88的，价格还可以再优惠吗？

卖家：那你可以拿一件这个号码的。价格嘛，呵呵，好的，看你第一次来我们店，只要衣服穿着合适，大家做个朋友嘛，给你优惠些，穿着好以后多光临啊！（如果是位老顾客，还可以说：我们对于老顾客是可以打折优惠的，你可以享受这优惠。）这款衣服，质量和做工都很不错，布料也很好，怎么洗都不变形、不脱色的。

顾客：好的，我订一件。

就这样，在回答顾客问题的时候，卖家像对待老朋友那样，充满热情与煽动性，并在无形中套出了顾客的真实想法。而且还会让顾客觉得非常亲切，于是在不知不觉中就下了订单。

三、不同类型顾客的不同沟通技巧

1. 根据顾客对商品的了解程度进行沟通

（1）对商品缺乏了解的顾客

这类顾客对商品知识缺乏了解，善于怀疑，且依赖性强。对于这样的顾客需要卖家像朋友一般去细心解答，从对方的角度去考虑，为他们推荐一些最合适的商品，并且告诉对方你如此推荐的原因。细致耐心的解释往往能够打动他们。

（2）对商品一知半解的顾客

这类顾客对商品有一定的了解，比较主观，易冲动，不会轻易相信人。面对这样的顾客，卖家就要控制好情绪，不要表现得太心急，而是应该进行有理有节式的耐心回答，向对方展示你丰富的专业知识，让他认识到自己的不足，从而增加对你的信任感。

（3）对商品非常了解的顾客

这类顾客知识面广，很专业，问题往往都能问到点子上。面对这样的顾客，卖家要表示出对其专业知识的欣赏，并以行家的身份来对待他们，让他们感觉到满足和被尊重。卖家也可以用朋友的口气和对方探讨一些专业的知识，在不知不觉中给他们来一个“发自肺腑的推荐”，这样对方往往就会深信不疑了。

2. 根据顾客对价格的要求进行沟通

（1）不砍价的顾客

有的顾客很大方，如果卖家说不砍价，他也就不再讨价还价。对待这样的顾客卖家要表达自己的感谢，甚至可以主动给予他们一些优惠措施，如赠送一些优惠券或小礼品之类的，这样就会大大超出顾客的期望值。而且这类顾客通常比较直爽，容易成为长期顾客。

（2）想还价但不是很坚决的顾客

有的顾客会试探性地询问能不能还价，对待这样的顾客既要坚定地告诉他不能还价，同时也要态度友善地告诉他自己的价格已经是非常优惠了，最后要谢谢顾客的理解和合作。

（3）喜欢讨价还价的顾客

有些顾客在购物时就是要讨价还价，如果在价格上没有优惠，他们就不购买。对于这样的顾客，如果价格确实没有商量的余地，卖家除了要坚定重申自己的原则外，还要有理有节地拒绝他的要求，不要被他的言语所动摇。在适当的时候，也可以建议他们再去看看其他便宜的商品。当然，如果价格可以优惠的话，那就不妨满足一下这类顾客的小小要求。

3. 根据顾客对商品疑问的不同需求进行沟通

有很多顾客在购买商品前都会将信将疑，会提出各种各样的质疑，事实上在沟通的时候卖家就可以感觉到，他们会反复询问商品有无瑕疵、有没有色差、何时到货、出了问题怎么办等问题。对于这样的顾客，除了要实事求是地介绍商品外，还要诚恳地将一些可能存在的问题都一一说清楚，告诉对方没有东西是十全十美的。如果顾客还坚持要完美的商品，就应该委婉地建议他选择实体店购买需要的商品。这样做其实也是为了避免日后的麻烦，因为这类顾客对商品的要求太高，在收到货后，稍有不满意，他们就会要求退换货或退款。

四、促成交易的沟通技巧

卖家和顾客进行的所有沟通，都是为了达成交易，所以在沟通的过程中卖家要时刻把握好这个方向，不可偏离了主题，并在时机成熟时果断促使顾客下订单。

1. 帮助顾客选择商品

①根据顾客心理，许多准顾客看中了一件商品，即使有意购买，往往

也不会迅速签下订单，他们总要东挑西拣，在产品颜色、规格、式样上不停地打转。这时候卖家就要适当改变策略，暂时不谈购买的问题，转而热情地帮对方挑选颜色、规格、式样等，一旦上述问题解决，订单也就落实了。

②当顾客问到某种产品，而恰好这种产品已经没有货时，最好不要直接回答说没有，而可以用反问的方式来回应顾客。比如，顾客问："这款手机有银色的吗?"这时，卖家应该这样反问道："不好意思，这款产品没有银色的，不过我们有黑色、紫色、蓝色的，这几种颜色里，您比较喜欢哪一种呢?"这样一来，给顾客的是一种选择，而不是直接否定，那么成交的概率也将会大大增加。

2. 积极地进行推荐

①当顾客拿不定主意，需要卖家推荐的时候，就可以尽可能多地推荐符合对方要求的款式，并且要给出合适的推荐理由，诸如"这款是刚到的新款，目前市面还很少见""这款是我们店最受欢迎的款式之一""这款是我们最畅销的一款了，经常断货"等。

②当顾客选定一款商品后，如果卖家觉得实在不适合对方，那么也要好心地提出来，并告知对方理由，再为其推荐一件更合适的。这样，顾客定能被卖家的诚心打动。

3. 把握好时间

卖家在和顾客沟通时，除了进行一些必要的问答解释之外，如果不太忙，还可以适当和顾客聊聊天，这样也能够加深双方的了解。但是，要注意控制好聊天的时间，一旦有正经工作要做或有其他顾客上来询问，那么就要适时停止闲聊，可以以"自己有事要走开一会儿"为由来结束和顾客的聊天。

4. 促成交易

（1）二选其一法

如果准买家基本上已经确定会购买，但又犹豫不决拿不定主意，这时卖家就可采用“二选其一”的技巧来促成交易。譬如，卖家可对顾客说：“请问您要这条深色的还是那条浅色的呢?”此种问话技巧，其实就是在帮顾客拿主意，让对方最后下决心购买。当然，在采取这种方法前，要进行适当分析，而不能盲目进行推荐。

（2）欲擒故纵法

有些买家天生优柔寡断，他们虽然对产品有兴趣，可总是拖拖拉拉，迟迟不做决定。同时他们还往往具有对那些越是得不到、买不到的东西，就越想得到它、买到它的心理。对于这种情况，卖家就可利用人们的这种“怕买不到”的心理，来促成交易。譬如说，卖家可对顾客说“这一款产品只剩下最后一个了，短期内也不会再进货，若不买可能以后就没机会了”或者“今天是优惠价的最后截止期限，请把握良机，明天你就买不到这种折扣价了”。这样一来，顾客很可能就会心动了。

（3）利用顾客希望快点拿到商品的心理

大多数顾客都希望在付款后尽快收到货，所以当顾客已有购买意向，但还在最后犹豫中的时候，卖家就可以利用顾客的这种心理，说：“如果真的喜欢的话就赶紧拍下吧，快递公司的人再过半小时就要来了，如果现在支付成功的话，马上就能为你寄出了。否则只能等到明天了。”一听这话，那些比较心急的顾客可能就会立马下订单了。

（4）建议顾客先买少量试用

当顾客想要买某种产品，可又对产品没有信心时，卖家可建议对方先买一点试用看看。只要你对产品有信心，虽然刚开始订单数量有限，然而对方试用满意之后，就可能给你大订单了。这一实用的技巧也可帮准顾客下决心购买。而且这样也不会给顾客留下太心急的感觉，容易博取他们的信任与好感。

五、沟通时的“八不要”

卖家要时刻明白自己的身份，与顾客进行的所有沟通说到底都是为了生意，没必要为了逞一时的口舌之快，而气跑了顾客。因此，一定要注意说话的方式。

1. 不要争辩

卖家应该明白，自己在与买家沟通时，目的是为了推销产品，而不是来和顾客进行争辩的。况且争辩事实上也解决不了任何问题，只会招致顾客的反感。

卖家应该对买家的不同认识和见解表示理解，要容许顾客讲话，发表不同的意见，即使他们说的不在理，也没必要去和他们争出个一二三来。试想，即使你将顾客驳得哑口无言，你又能得到什么呢？

2. 不要用质问的口气

卖家与买家沟通时，要理解并尊重对方的选择，不管对方最后是否决定购买你的产品，都切记不要以质问的口气跟对方交流。如下列询问方式：

①你为什么不买这件啊？

②你为什么不喜欢这种款式？

③你凭什么说我的信用是炒作的？

④你有什么理由说我的产品质量不好？

卖家应该知道，这种质问方式是最不懂礼貌的一种表现，如果你总是用这种方式去对待顾客，那么你就永远也留不住顾客。

3. 不要用命令的方式

卖家在与顾客交谈时，态度一定要和蔼，语气一定要委婉，而绝不能不顾自己的身份，用命令的口气去对顾客说话，这样做只有一种结果——让顾客感到愤怒，而你将竹篮打水一场空。

4. 不要炫耀

卖家在向顾客推荐自己的商品时，要实事求是地介绍自己的商品和店铺，稍加赞美即可，千万不可得意忘形地自吹自擂、刻意炫耀自己商品的优点。再说，现在顾客也都很有经验，过分的炫耀，也没人会相信，只会让人生厌。

5. 不要揭顾客的短

卖家要掌握与买家沟通的艺术，买家成千上万、千差万别，各个层次，什么样的人都有。卖家在与顾客沟通时，如果发现对方在认识上有不对的地方，也不要直截了当地指出，不要揭对方的短处，否则会让对方感觉很没面子，从而也会对你产生一种不好的印象。

对于顾客的短处即使非要指出不可，也要注意谈话的技巧、沟通的艺术，要委婉忠告，而不能丝毫不给对方留情面，更不能以批评教育的口气去指责顾客。

6. 不要用太专业的术语

在推销自己的商品时，一定不要过分用专业术语。如顾客询问衣服是不是全棉的，卖家就不要告诉对方商品是“高支棉”或“棉几支几支”之类的专业术语，可以直接告诉顾客含棉量是100%还是80%即可。用专业术语一来让顾客难以理解，二来顾客往往还会以为你在他面前故意展示自己，这些情况都不利于下一步的交易。

7. 不要太冷淡

与买家沟通，态度一定要热情，语言一定要真诚，言谈举止都要流露出真情实感，而不能爱理不理，态度冷淡地对待顾客。要知道，顾客不是来求你办事的，如果卖家对于送上门的顾客都冷言冷语，那干脆就不要做生意了。在沟通中，冷淡必然带来冷场，冷场必定带来生意的泡汤。

8. 不要语气生硬

卖家和买家基本上都是通过网上方式沟通，即使有电话沟通也会很少，但千万不要以为这样别人就感受不到你的语气，其实在你的字里行间，你是什么态度别人一目了然就能看出。所以说，在和顾客沟通时用词一定要仔细推敲，要把握好分寸，充满朝气与活力，而不可太生硬，语气太生硬的卖家只会将顾客拒之门外。

第三节　用出色的服务赢取回头客

一流的服务永远是商家打动顾客的一种法宝，服务看似和交易没有直接的关联，但它却又实实在在地左右着顾客的购买欲。试看那些比较成功的卖家，大多都在服务上有自己的独到之处。因为，商品是死的，相同的商品到处都是，最终能给顾客留下深刻印象的，还是卖家的服务。

一、用真诚的服务感动顾客

卖家的服务态度直接影响顾客的购买欲及其对店铺的评价。有的卖家将所有精力都集中在商品进货上，对于售后、客户服务却没有给予足够的重视。他们或许不知道，很多顾客即使对店里的产品非常满意，但也会由于卖家态度不佳，而不下订单，而给出不好的评价。所以说，卖家的良好态度和热情的客户服务在经营中是很重要的。

那些成功的卖家都是懂得倾听顾客声音的，他们会将服务顾客、满足顾客的需要当作自己最重要的事情。尽管有时候顾客不一定是对的，但成功的卖家一定会站在顾客的立场来思考所有问题，尽自己所能让顾客满意。

但是，一时满意的顾客并不一定会成为店铺的忠实顾客，往往别的店铺一打价格战，这些顾客就会立刻被吸引过去。只有内心受到感动的顾客，才可能真正成为店铺的忠实顾客。

楠楠经常去一家网店购物，有时还会介绍周围的朋友前去选购，大家经常开玩笑问她："你是不是这家店的义务推销员啊?"每及此时，楠楠就会认真地跟大家解释其中的缘由。

原来，在2008年年底，楠楠在一家网店中订购了一件衣服，准备作为礼物送给一个朋友。

两天之后，衣服寄到了楠楠手里，楠楠兴高采烈地将衣服作为礼物送给了自己的好朋友。没想到几天之后，这个朋友却有些失望地问她："楠楠，你那件衣服是从什么地方买的？刚一下水就变形了，缩水好严重呀!"

楠楠看到朋友洗了之后的衣服，果然缩水很严重，已经没法穿了。尽管朋友劝她说："算了吧，又不是故意的。"但是楠楠依然觉得很窝火。

回到家后，楠楠立刻找到店主的网上联系方式，并将自己的问题留言给她，希望店主能够妥善解决。但是，冷静下来之后，楠楠又想：钱都给了对方了，看来也只能自认倒霉了。

让楠楠感到意外的是，第二天，她的电话响了，打电话的正是那个卖家。在电话中，对方不停地道歉，并且对楠楠说，很感谢她的反馈意见，自己那批衣服也不会再出售了，而且为了表示对楠楠的歉意，店主表示一定要双倍赔偿。

听到店主这么客气，楠楠反倒有点不好意思了，于是便对店主说："大家做生意都不容易，你只要给我退回货款就可以，就不用双倍赔付了。"

出乎楠楠意料的是，三天之后，邮局寄来了一张汇款单，上面是店主寄来的双倍赔付的货款，留言栏里还写满了道歉的话。拿到汇款之后，楠楠非常激动，逢人便说起这件事，说自己真没想到，网络上还有这么讲信用的商家。

从那以后，楠楠就和店主成了很好的朋友，不但自己经常去那家店里买衣服，还向周围的好朋友们推荐这家以诚待人的网店。

就这样，卖家看似在一次生意中遭受了一些损失，但却将诚实守信的名声传播在外，而且在打动了顾客的同时，也赢得了更多的忠诚顾客。孰轻孰重，各卖家可自己去仔细掂量。

现实中，有很多网店出于各种原因，往往都会喊出“让顾客满意”的口号。其实，在现实中真正能够做到几成，也只有卖家自己清楚。当然，对于这种作秀的手法，同样也只能得到顾客的同等对待，而根本不可能真正打动顾客的心。卖家只有做出真正让顾客感动的事情，才能真正聚拢一批忠诚的顾客。

二、认真地为顾客答疑解难

当有两件质量相似但卖家服务不同的商品摆在顾客面前，顾客会如何进行选择？毫无疑问，顾客当然会选择有客户服务保障且服务质量高的那一个。因为，在多数情况之下，说服顾客掏钱购买的决定性因素不只是商品本身，更有它的客户服务。有着良好客户服务的卖家不仅能给人以信任感，还能让人感受到专业性。而且一个完整的销售过程理应包含着一整套的配套服务，处处为顾客答疑解难，而绝不是卖家施舍给买家的小恩小惠。

当然，要做到这一点，就要求卖家不仅要有一颗全心全意为顾客服务的心，还要有一定的专业知识，否则就会“心有余而力不足”了！

陶陶经营着一家化妆品网店，她最初之所以选择开化妆品店既是出于自己的爱好，也是听别人说这行利润高，所以，就做起了这行。

最初，陶陶对化妆品几乎一无所知，连商品的介绍性文字都写不好，生意也是一直没有太大起色。后来，无奈之下她索性把每一款化妆品的说明书抄到商品文字说明上，这样就解决了商品的介绍问题。

没想到，新的问题又来了，原来顾客在看过商品介绍之后，如果有感兴趣的产品，就会向陶陶提出各种问题，例如，“自己是油性肤质，这款产品自己可以用吗?”“这款产品和其他产品可以混合使用吗?”

开始，陶陶面对顾客的提问，都是一头雾水，无言以对，也因此而失去了很多成交的机会。为了摆脱这种尴尬的局面，陶陶决定开始认真学习化妆品使用的各种专业知识，以及各种护肤知识。

为此，她订阅了大量关于化妆品和护肤方面的杂志，并且报了一个美容护理方面的进修班。功夫不负有心人，经过一段时间的刻苦学习，陶陶俨然成了一个准护肤专家。这样一来，她不仅能够游刃有余地解决顾客的各种疑问，而且，为了吸引顾客，陶陶还在自己的博客上面办了一个护肤讲座，效果非常好，同时也起到了良好的宣传效果。对每一位顾客的提问，陶陶都会耐心地加以讲解，并免费对顾客的皮肤进行测评和分析。有时，顾客不知道如何选择护肤品，陶陶还利用这样的机会向顾客宣传护肤知识，并且认真为顾客搭配一整套适合的产品。顾客购买之后，她还会告诉顾客一些使用化妆品的禁忌和小窍门，让顾客感觉非常超值。

正是有了这些贴心的服务，陶陶的生意也开始红火起来，店里每个月的营业额都在万元左右，利润也相当可观。

事实就是这样，当你充分解决了顾客的疑问之后，交易也就自然而然达成了。因此，为了在这方面更好地服务顾客，卖家要加强对自己所经营产品的业务了解，争取让自己成为相关产品领域内的专家。

三、细致入微的客户服务

对于网店卖家来说，图片不清楚、库存不足、订单处理滞后、发货不及时等细节性不良因素都会影响店主的生意和信誉。所以店主要尽量避免上述情况的发生，如果事情发生了，就要想办法解决，用良好的服务来及时进行补救，做到顾客满意为止。

卖家晴晴认为，在为顾客服务时，要能够让对方切实体会到自己的真心实意。而要做到这一点，并不用花费大量的成本，真心是最重要的。

晴晴采取的是真情奉送策略。每天开店之前，晴晴总是先调整自己的心态，用快乐去迎接并感染每一位顾客。晴晴说："情绪是可以传染的，快乐也是可以传染的，我要用快乐传染每一位顾客。"

在货物储备上面，她也总是备足货物，当天的订单绝对不会拖到第二天才处理，因为她知道，每一个买家都在急切地盼望着自己购买的宝贝能够早点到达。有的卖家为了图省事，采取一种代理的方式做生意，每次都把订单转给第三方，由第三方来发货。事实上这种做法也有很多弊端，如容易发错货、发出残次品等。而且有了第三方的加入，问题责任也难以界定，最终会影响自己的店铺信誉。

在发送包裹的时候，晴晴还会做一件事，即在包裹里放一张友情卡，这张友情卡上没有任何广告，只在落款上署了店铺的名称，卡片做工精美，祝福语写得真挚感人。

同时，晴晴总是为商品进行严严实实的包装，以至于很多顾客在打开包装的时候都笑称："太结实了，是不是用了一整盘胶带啊？"但这些顾客在看到里面完好的商品时，没有人不赞叹店主的用心。

有的卖家认为商品发出去了，就完成了自己的任务。事实上，此时卖家的工作只完成了一半，接下来还要做好顾客档案整理。

在为顾客建立档案的时候要注明顾客的姓名、购买的某款商品、沟通时的态度、对顾客的承诺（退、换货以及保修承诺等）、本次交易优惠幅度，以及下次打折承诺等多方面信息。

晴晴总是能在第一时间想起那些二次光顾的顾客的姓名，并且首先说出给顾客承诺的优惠条件。而顾客在意外的同时，体会到更多的则是惊喜，同时也会佩服卖家的细心与认真。

对于回头客，晴晴总是会在邮包里加上一件小小的赠品，事先并不跟顾客说明，等顾客打开包裹之后，给他们一个小小的惊喜。但这些赠品质量一定不能差，否则还不如不送。

对于经常来买东西的顾客，晴晴还会定期给他们派送优惠券，真正对他们让利。晴晴说："如果不给这些老顾客真正的实惠，这些活动还不如不搞，现在的顾客都是极其理性的消费者，一旦发现受骗，就会永远离你而去。"

晴晴还会在老顾客重要纪念日的时候，送去小礼品或者贺卡，顾客一般都会非常感动。

对于为别人购买礼物的顾客，晴晴采取的则是借花献佛的策略。在包装里，根据购买人提供的信息，为收礼物的人准备一张贺卡，并在上面写满真心祝福的话语，然后将落款处标上购买人的名字，下面再写上自己店铺的名称。

这样晴晴既尊重了购买人的权利，又巧妙地为店铺做了宣传，还用真诚的祝福语博得了顾客的欢心，真是一举多得的好办法。

尽管如此，客户流失的现象还是真真切切、时时刻刻在发生着。为了开发新的客户，并且与现有顾客保持并加深已有的良好关系，晴晴说："必须持续为顾客提供物美价廉的产品和优质的服务。只有当客户感觉到自己受重视时，他才会持续购买更多的产品和服务。"

"顾客是上帝"不能只停留在口头上、书面上，而应该落实在一个个服务细节上，能够做到这一点的卖家，也许就领略到顾客服务的精髓所在了。

第四节　不容忽视的售后服务

有很多卖家对售后服务都存在着误区，他们认为顾客付了款，交易也就结束了，后面也就没自己什么事了。即使存在售后服务，也是对那些个别的需要退换货的顾客。其实不然，对所有已完成交易的顾客都要做好售后服务，而且完善的售后服务包含着许多环节和服务措施。

一、售后服务观念必不可少

售后服务是整个物品销售过程的一个关键环节。好的售后服务不仅会带给买家非常好的购物体验，而且还可能使这些买家成为你忠实的客户。

要做好售后服务，首先要树立正确的售后服务观念。服务观念是长期培养的一种个人（或者店铺）魅力，卖家应该建立一种“真诚为客户服务”的观念，充分重视并把握好与顾客交流的每一次机会。因为每一次交流都是一次难得的建立感情、增进了解、增强信任的机会。同样，顾客也会把他们认为很好的卖家推荐给更多的朋友。

二、交易结束及时联系、跟踪

物品成交后卖家应主动和买家取得联系，并及时跟踪订单的情况，避免成交的买家由于没有及时联系而流失掉。在联系、跟踪买家时应该做到以下几点：

①发送自己制作的成交邮件模版或者旺旺信息，内容可以包括银行账号、应付金额、汇款方式等。为了避免收到很多相同金额的汇款，你可以加入编号一栏让买家汇款的时候注明，这样就会比较便于查寻。

②为了避免冲动性购物的买家流失掉，趁热打铁地跟踪至关重要，最

好在物品成交的当天就发出成交邮件。

③ 由于受网络的影响，有些买家的邮箱不一定能够收到你的邮件。因此如果你的顾客两天内没有回复你的邮件，你可以主动打电话询问是否收到成交邮件或者 QQ 留言。

④ 在顾客付款后，应该在第一时间发货，并及时告知顾客货物的发送状态，如："您好！您拍下的商品，今天下午 2 点已由宅急送快递公司取走。他们会进行统一配送，如有问题我会随时和您进行沟通。"

三、交易结束如实评价

评价是买卖双方对于一笔交易最终的看法，也是以后潜在顾客们作为购买参考的一个重要因素。好的信用会让顾客放心购买，差评则往往让买家望而却步。评价还有一个很重要的解释功能，如果买家对卖家的商品做出了错误的不公正的评价，你可以在评价下面及时做出正确合理的解释，以防止其他买家因为错误的评价产生错误的理解。

但是，有些买家在交易完成后往往会出于各种原因而不能够对卖家做出及时的评价，对于这样的买家，卖家可以友善地提醒他们给自己作出如实的评价，因为这些评价将成为其他买家购买你物品之前的一个重要参考。

四、发展潜在忠实买家

忠实买家可以称得上是卖家最优质的一种顾客，所以对于曾经在自己店铺消费过的买家，不仅要做好第一次交易时的服务，而且还要做好一些后续的维护性工作，以让他们成为你的回头客、忠实顾客。

①卖家应定期给之前的买家发送一些有针对性、买家感兴趣的邮件和 QQ 消息，注意发送不要太频繁，否则很可能被当作垃圾邮件，另外宣传的商品一定要有足够的吸引力。

② 将忠实买家设定为自己的 VIP 买家群体，并为之制定出相应的优惠政策，如可以让他们享受新品优惠等。

③ 定期回访顾客，用打电话、QQ 或者邮件的方式与顾客进行适当的沟通，与他们建立起良好的客户关系，同时也可以从他们那里得到很好的意见和建议。

五、做好店铺信息管理

全面的店铺信息管理可以帮助卖家总结长期交易的情况，信息管理可以分为两个方面：

①总结目前物品成交的情况，包括一个月内登录物品的数量、成交物品的数量、成交率的情况等，这些都有助于你了解目前你的店铺的物品销售情况。

②建立自己的买家资料库，汇总好所有买家的信息将有助于你分析自己的买家群体，甚至可以根据不同的特性进行分类，发送相应的促销邮件。

第五节 售后特殊情况应对措施

在网上交易中有各种各样的顾客，卖家也因此可能会遇见五花八门的突发、特殊情况，对这些特殊情况，卖家不可手忙脚乱，更不必惊慌，而应做好充分的心理准备，去妥善处理各种特殊情况。

一、平和心态处理投诉

任何卖家都不可能做到让顾客 100% 满意，顾客不满意甚至投诉的情况会时有发生，卖家在处理客户投诉时，主要是倾听他们的不满，并采取相应的补救措施，最终达到修补顾客关系并维护店铺信誉的目的。通常，卖家在遇到顾客投诉时，可以根据以下流程去处理。

1. 迅速反应

顾客在投诉时，一般会比较着急，并担心问题不能得到妥善解决，而且心情也不会太好。这个时候卖家就要快速做出反应，记下问题，及时查询问题发生的原因，并帮助顾客解决问题。有些问题不是马上能够解决的，也要告诉顾客尽力为其解决，以稳定顾客情绪。卖家需要谨记的是，在处理顾客投诉时，同样要热情对待，甚至要比交易的时候更热情。如果在此时对顾客爱答不理的话，那么就会给对方留下一种极其虚伪的印象，他们会认为卖家也就在顾客付款前热情，这样顾客就会对卖家彻底失望。当然，也许有的卖家认为大不了就失去一个顾客，也无所谓。卖家要是这样想那就大错特错了，要知道，现在可是网络时代，每个人都是一个信息传播源，如果一旦顾客被激怒，他们很可能会在网上到处发帖倾诉，以发泄不满情绪。最终，很可能会将一个网店的招牌彻底毁掉。

2. 认真倾听

顾客投诉商品有问题，卖家不要着急去辩解，而是要耐心听清楚问题所在，然后记录下顾客的用户名、购买的商品，这样便于卖家去回忆当时的情形，然后再和顾客一起分析问题出在哪里，才能有针对性地找到解决问题的办法。

3. 对顾客进行安抚和解释

卖家要站在顾客的角度考虑问题，认真对待他们的投诉，毕竟无理取闹的人是很少的。因此，当顾客来反映一个问题时，卖家要先设身处地想一下，如果是自己遇到这种问题会怎么做，怎么解决？同时不妨对顾客说“我同意您的看法”“我也是这么想的”等表示认同的话。这样顾客才会感觉到你是在为他们处理问题，然后再进行有针对性的解释，对顾客不满的情绪做出进一步安抚。

4. 诚恳道歉

不管是出于什么样的原因造成的顾客不满，都要给予诚恳的致歉。如果卖家已经非常诚恳地认识到自己的不足，大多数顾客也就不好意思继续不依不饶了。

5. 提出补救措施

对于顾客投诉的问题，好的应对态度是一方面，最重要的是要能及时提出补救的方式，并且明确地告诉顾客，让顾客感觉到你在为他考虑，为他弥补，并且你很重视他的感受。一个及时有效的补救措施，往往能让顾客的不满转化为感谢和满意。

6. 通知顾客并及时跟进

卖家决定给顾客采取什么样的补救措施、补救行动进行到了哪一个阶段，这些信息都应该及时告诉顾客，以让对方明白你确实将他们的问题放在心上，并认真去处理了。而且当顾客发现补救措施及时有效，而且商家也很重视的时候，也就会放心了。

二、如何应对拍下宝贝却迟迟不付款的顾客

买家拍到货物后却迟迟不付款，这在网上购物中是一种常见现象。对这种情况，作为卖家应该首先设法联系买家，在沟通的时候一定要注意语气，如果对方确实反悔不想购买了，只要他们不是那种特别恶劣的买家，卖家也大可不必去勉强，因为顾客也有自己选择的权利。

当然，如果暂时联系不上顾客，也可以给他们网上留言，以做提醒。留言同样要注意语气，不要让买家觉得你是在催他付钱。比如：可以这样说："您好！我是淘宝网的卖家，您在我店里拍下了某某商品，请您尽快完成交易，我会以最快的速度把宝贝送到您手上，祝您网购愉快！"

如果一两天后仍然联系不到买家，可以通过系统将付款期限做个延期，而不要轻易放弃每一个订单。

总之，卖家在遇到这种情况时，要以冷静、理解、宽容的态度去面对顾客，正像一位卖家所说的："我觉得卖家与买家最重要的就是沟通，一定要及时和买家取得联系，然后好好沟通，大部分的买家都是很贴心，很可爱的！只有极少数特别挑剔的，但那也是因为在网上购物觉得心里没底，觉得没保障，毕竟东西自己没有亲手摸过，不知道具体是什么样的，只能凭借照片和文字描述来理解自己想买的商品，所以作为卖家我们就应该对买家多一分耐心。"

三、如何处理顾客的中差评

顾客消费后给予的中差评，会直接影响到网店的信誉，也会影响其他顾客的购买欲望，对此，卖家一定要做出妥善处理，尽量消除其不利影响。

顾客给出中差评，可能只是对商品稍有不满，或是在评价时心情不好所致，对于这种情况，卖家可以主动去联系买家，并进行类似下面的沟通：

卖家：您好！在吗？

买家：在（有的时候也会不回答）。

卖家：您在我们店买的商品收到了是吧！您感觉如何呢？我们想做一下反馈调查。

买家：哦，还可以吧（或者不太喜欢、和我想象的相差很大、快递太慢等之类的话语）。

卖家：原来是这样啊，现在我才明白了您为什么以中差评的方式，来提出对我们店铺的看法了。您的这个评价也给了我们提醒，我们以后会特别注意这些地方并做出相应的改进，谢谢！

买家：不客气。

卖家：（这时就可以向买家提出修改评价的请求了）有问题还望您及时提出，以便我们为您提供更好的优质服务。另外，还要说件不好意思的事情，您能给我们改一下评价吗（可以顺便发个不好意思的表情）？您的意见我们会牢牢记得的，希望能和您成为好朋友！

买家：没问题，你们的服务确实很好，看在你们良好的服务上，我也会修改的！

对于给出这种中差评的顾客，只要卖家态度诚恳、语气客气委婉，相信对方一般都会同意卖家的修改要求的。

网店成功案例

做个"有心"的网店老板

张萍在网络上经营着一家服装店，这个服装店装修精致，服务到位，很多网友都将这里当作自己的温馨聚会屋，有什么烦心事、高兴事总是喜欢跟张萍倾诉。张萍就会耐心地跟这些好朋友聊天，或者分享他们的快乐，或者帮助他们想办法渡过难关。

说到这里，你一定觉得奇怪，为什么张萍人缘这么好，能获得这么多顾客的信任和青睐？

其实，张萍的秘诀就是做个"有心"人。具体说来就是记住每一名顾客的姓名、年龄、住址、职业、服装尺码和爱好兴趣，甚至生日和结婚纪念日等重要日期，利用每一个谈话的机会了解对方的性格、喜好等，以便做好周到而细致的客户服务。

在张萍的电脑里有一个自制的顾客档案，里面有顾客的姓名、性别、职业、住址、电话、QQ 号、留言时的姓名、电子邮箱、身高、三围、购买过的服装编号、每一次的购买记录、购买商品的价格等。

有了这个档案，张萍就如同有了一件战无不胜的法宝。张萍会在自己的老顾客过生日或者某个重大的纪念日时，以朋友的身份为顾客发送贺卡或者邮寄纪念品，予以问候。

每次有熟人来光顾小店，张萍都会热情招待。她会根据对方已经购买过的服装款式向顾客推荐同类风格的服装，并且能够说出对方的身材尺码和偏爱的颜色，这些都会给对方一个惊喜。

凡是老顾客下订单时，张萍都会主动报出对方的联系方式和邮寄地址，买家只要简单核实一下就可以了。这样买家在下订单的时候，就可以省很多事，不用再详细填写订货表格了，因此颇受大家欢迎。

时间久了，张萍就跟这些买家成了好朋友，大家无话不说。店里有了新款服装，张萍就叫大家来选购；买家有了什么穿衣打扮上面的问题就来向她请教。一来二去，张萍店里的服装销量越来越好，她的朋友也越来越多，这些好朋友顾客还给她带来大量新的顾客。

通过这种友情销售方式，大家给张萍送来了源源不断的生意，张萍也给大家带来了真正的实惠，以至于有很多顾客，在别的地方看好衣服以后并不购买，而是到张萍店里来，让她帮忙给自己采购，价格当然比别的店便宜不少。

张萍在进货时，严把质量关，有时不小心进了不过关的商品，她宁可自己吃亏，也坚决不从自己手里出货。有的时候，如果不合格的商品到了顾客手里，张萍一旦发现，就会向顾客一个一个地道歉，并且给大家退还全部货款。

而在经营过程中，张萍也难免会遇到一些问题，但她都能够用自己良好的服务予以巧妙化解。由于经营有方，张萍的网店里常常出现大量顾客同时选购商品的局面。顾客多了，张萍一个人就会招呼不过来，有些顾客就会受到冷遇。但是，在这种情况下，张萍也能做到每次都能令所有顾客满意，从来没有顾客因为受到怠慢而离店远去。

原来，张萍每次都会按照排号的方式，让接受服务的顾客排队。对于排在后面的顾客，她都会深深地道歉，并且向这些顾客馈送小赠品。

每次她都会对排着队的顾客真诚地说："对不起，你的前面还有几位顾客，为了表示让你久等的歉意，请接受我店免费的购物赠品。谢谢。"

有的急脾气顾客可能正要发火，但是，当他们看到店主这么真诚而又用心的道歉，还有哪位顾客不能理解繁忙的店主呢？

张萍的独到服务也得到了顾客的赞赏，很多顾客在给张萍留言的时候都写道："张萍掌柜，谢谢你。在你店里买衣服，我特别放心，从来不用担心衣服的质量会有问题。我甚至可以不用记住自己的衣服尺寸，可以不用留下自己的邮寄地址和电话。"

"你的敬业精神为我们带来太多的方便。掌柜，加油啊，成功永远属于有心人，我们永远支持你！"

在这些热心顾客的帮助下，张萍的生意做得非常顺利。张萍常说："做生意最重要的是用心。只有付出真心，才可以换取顾客的信任和支持。先做人，再做生意，就没有不成功的理由了。"话语虽然简单，但是其中蕴涵的道理，值得少数急功近利的掌柜慢慢领悟。